正向心理學教練服務

助人實務的快樂學

Robert Biswas-Diener & Ben Dean　著

陳素惠　譯

Positive Psychology Coaching

Putting the Science of Happiness to Work for Your Clients

Robert Biswas-Diener & Ben Dean

目 錄
Contents

基礎 I　快樂與正向

基礎 II　性格優勢

正向心理學教練服務的特殊主題

（正文旁數碼為原文書頁碼，供索引檢索之用）

作者簡介

羅伯特・拜司華斯—戴納（*Robert Biswas-Diener*）

太平洋大學臨床心理學碩士，2005 年創辦「子午線生活教練服務中心」，對廣大的學術與專業人士提供生活教練服務。他以「正向心理學的印第安那・瓊斯」封號聞名於世，為了做研究而到格陵蘭、西班牙、肯亞、以色列與印度這些極為遙遠的地方，和被傳統研究者忽略的少數族群一起工作。

班・迪恩（*Ben Dean*）

是教練服務界中最具影響力的教練之一，於 1997 年創立「心靈導師教練中心」，這是史上第一個專門以訓練心理健康專家為目標的教練培訓學校，目前已經培訓數千名臨床與心理健康專家，遍及北美、歐洲與澳洲。他也出版廣受好評的電子新聞報，包括《邁向快樂的教練服務》（*Coaching Toward Happiness*）、《教練治療師》（*Therapist as Coach*）與《e 教練》（*eCoach*）。

譯者簡介

陳素惠

學歷：國立暨南國際大學輔導與諮商研究所博士候選人

經歷：國立聯合大學、育達科技大學兼任講師
國立彰化師範大學學生心理諮商與輔導中心專任諮商心理師

證照：中華民國諮商心理師高考及格
國際「神經語言程式學」（NLP）訓練師
國際「神經語言程式學」（NLP）高階執行師
國際「神經語言程式學」（NLP）專業執行師

現職：國立彰化師範大學學生心理諮商與輔導中心兼任諮商心理師

導　論
Introduction

幾年前，當這個世界正在為千禧年的改變做準備時，我住在加爾各答研究在貧民窟生活的人的快樂感。長久以來，我的心靈因為這些在貧困中的人而感傷，也被他們不時迎向眼前挑戰的方式而受到激勵。任何人只要曾經到過加爾各答或世界上其他貧民區去旅行，就會知道赤貧的景象真讓人心碎而且令人產生罪惡感。待在加爾各答的日子讓我思考著，我所主持的研究，對研究參與者的生活會造成什麼衝擊。我付錢給研究參與者，捐錢給鄰近的協會、當地貧民窟的診所與醫生。結果，雖然我從印度帶走了資料──儘管我蒐集到讓西方人瞭解心理學十分有幫助的數據──卻沒能帶回任何教育。透過翻譯員的幫助，在當地、大學甚至貧民學校裡，我開設了一系列演講，教導加爾各答公民有關社會、人格心理學的最新發現。這些演講的出席率和接受度都很不錯，而且我從事了基本職業項目以外的工作，帶回一些收穫，令人感覺很棒。

正向心理學長期吸引我的是，為公共利益著想的意識。就本質上來說──和其他改變系統有關──它是免費分享的。到目前為止，你不會發現許多專有的評估方法或是昂貴俗套的訓練。沒有任何一位稱職的正向心理學研究者會為了「找到快樂的五種方法」、「妨礙自我實現的三件事」或「評量正向感的私房工具」而收取高額費用。正向心理學的核心在於它是一門科學，正因為這樣，它也是公共領域的一部分。有很多專業期刊出版的最新研究發現都可以在網路上取得。頂尖的科學家會在網站上清楚地詳加說明研

究細節，讓任何有足夠好奇心的人可以瀏覽，而不會想要掩蓋私人發現。賓夕法尼亞州立大學心理學家馬丁‧賽利格曼（Martin Seligman）是正向心理學的始創者，他曾說過這個動態的新領域某種程度上會與「增加世界的快樂總重量」有關。這是一項很繁重的任務，並且非常強調教練服務（coaching）的哲學觀。當然，教練（coaches）會因為進行服務而收費，正向心理學家也會收取演講費、工作坊學費、撰寫營利書籍的費用等。但在這些例子中，這些有科學背景的男人或女人，都是因為他們的專業才收費，而不是因為他們發明、註冊、販售給大眾某種神祕的快樂系統而收費。在正向心理學的範圍裡，你會看到慷慨大方的例子，例如由梅爾森基金會（Mayerson Foundation）支持的「行動價值研究所」（Values in Action Institute），提供原本可以獲利數百萬美元、現在卻免費供應可在網路上使用的優勢評估。或者像是英國「應用正向心理學中心」（Center for Applied Positive Psychology）就是一個用正向心理學執行教育計畫的非營利中心。或又像「英雄特種學校」（Hero Within Charter School）就是費城剛開始專門服務低收入戶兒童的正向心理學學校。這類清單會一直延續下去的。人們不只是認同正向心理學的價值，也認同把它分享出去的價值。

　　　正向心理學讓我和協同作者班‧迪恩（Ben Dean）相遇。我是在正向心理學會議上初次遇到班，他熱切學習這個領域的最新發現。他是一位對正向心理學及教練服務充滿熱情的心理學家，在這些學科興起之初就投入其中，他堅信應盡他所能地廣為宣傳。事實上，專業期刊出版的文章以及會議上的談話，對班而言是不夠的。他想要確保正向心理學的理論、評估及應用，能開啟通往主流生活的道路。舉例來說，班陪同馬丁‧賽利格曼教導「真實的快樂教練服務課程」（Authentic Happiness Coaching Program™）——從 2003

年到 2005 年間──訓練來自十九個國家的教授學者，將賽利格曼正向心理學的教導應用到工作及生活中。他採用的是心靈導師教練（MentorCoach®），而世界上第一所教練訓練學校則特別著重正向心理學及教練服務。假設那樣還不夠的話，班也寫了一封主旨為正向心理學的免費電子新聞郵件給全球 131,000 名讀者，把教練服務與正向心理學呈現給整個北美洲。令我印象深刻的是，班想把正向心理學介紹給全世界那份任重道遠的態度。事實上，班服務的定位是很真誠的，我曾經看過他為一位遭遇經濟危機的空服員安排正向心理學教練服務。

　　這本書是兩位想要把正向心理學題材從象牙塔救出來而帶入主流的人的自然產物……就像帶入其他專業中一樣，例如帶入教練服務就特別適合。我們不會靠這本書致富，這也不是我們在乎的。我們感興趣的是，對讀者和教練展現這項令人興奮的新科學，這項科學可以用來說明評估與處遇方法。教練服務現在顯示已經通過科學的認同，我們對這項事實感到非常激動，對這項專業未來發展的意義感到興奮。我們認為正向心理學就是因為太棒了而無法匿隱藏形，我們希望你同意這一點。

　　究竟什麼是正向心理學？簡言之，它就是把焦點放在人們做得好而非哪個部分有問題的新心理學派別。如果傳統心理學強調對憂鬱症、精神分裂症及焦慮症的理解和處遇，那麼正向心理學則是以快樂、樂觀主義和性格優勢作為目標。正向心理學家是研究者，專門調查健康關係呈現的動力、高功能工作團體的形成因素，以及引導個人持續自我實現的原因。正向心理學詢問的是與人類健康條件有關的重要問題，並且提供令人心服口服的答案。經年累月發現許多答案後，這項科學新派別發展出涵蓋一份頂尖的專業期刊、一系列具吸引力的書籍、賓夕法尼亞州立大學新的碩士學位課程，以及

x

一些高度有效的工作場域諮詢計畫等。在這本書裡，我們會提供你正向心理學的紮實教育。

這本書絕大部分的焦點都放在快樂學上。某種程度而言，每個人都想要快樂，雖然我們之中只有少數人會同意這一點，或是同意達到快樂是很棒的事。很幸運的是，現代科學對快樂的祕密這個古老的問題有嶄新的洞察。這些因為研究正向心理學而產生重要且嶄新的洞察，顯示出快樂不只是一個目標而已。調查相關研究的結果顯示快樂確實是有益處的。正向感就像是我們在銀行裡存著能用來滿足目標的錢一樣。事實在於，快樂與較佳的健康狀況、較豐富的創造力、較高的收入、比較優良的職場評價有關，這樣應該會引起任何一位教練或顧問的注意。我們花時間蒐羅當今快樂感的研究，包含要如何定義、如何測量、到什麼程度的快樂才表示足夠、哪一條快樂的途徑有價值而哪些沒有等等。我們把每個案例附帶有實用建議的研究發現彙整在一起，是為了要回答如何使用這些資訊來協助教練服務實務、幫助個案獲得成功等問題。

我們也花極大量的時間討論「個人優勢」（personal strengths）。開發個案優勢的想法對你而言，可能並不陌生，但正向心理學針對這部分提供了一些很棒的新方法。克里斯·彼得森（Chris Peterson）、馬丁·賽利格曼和傑出的同僚團隊一起合作，發展出世界各地文化中普遍存在的性格優勢分類系統。這個團隊創新推出針對個人優勢的線上評估系統（而且這是免費的！）。這些思想領導人普遍擁護的想法是，從優勢中獲得的好處會比只是支撐劣勢（weaknesses）的好處多更多。這項基本見解不只是一個簡單的觀點而已，正向心理學家也提供實徵研究及確實的數據來支持這項主張。

　　從行政教練服務到生活教練服務、從心理治療到諮詢顧問，這項正向心理學的新科學為每個人帶來一些貢獻。這是有穩固的科學實徵所支持的評估、有效的處遇方法，也是可以用來革新實務工作令人興奮的新理論。其中最棒的是，正向心理學是一種能與你準備要做的事情並肩而行的原則，你不需要全盤接收或變更原先熟悉的工作。相反地，它可以附屬在你現有的實務工作中，個案不但會受到吸引且更能得到幫助。正向心理學是你能夠擁有的，就如同我們擁有它一樣，希望你好好享受！

謝 辭
Acknowledgments

我 對我的父親艾德·戴納（Ed Diener），以及馬丁·賽利格曼、George Vaillant、Mihaly Csikszentmihalyi 等人，還有其他開創正向心理學領域的英勇研究者，投以無限的感激。少了你們，這個世界就會少了快樂。

如果不是因為大衛·伯斯坦（David Bernstein）這位編輯的支持與鼓勵，這本書永遠不會在雞尾酒會上有了超越想法的進展。謝謝你的耐心、仁慈與洞察。

我要感謝我的協同作者班·迪恩。班，我從你身上學習到很多教練服務的知識，我也樂見你將正向心理學推廣出去。

我也要感謝許多人從事訪談、給予有智慧的諮詢意見、或註釋文本概念以協助準備原稿。這群人包括了 Betsy Bass、Susan David、Sandra Foster、Michael Frisch、Carol Kaufmann、Michelle Marks、James Pawelski、Carol Ryff、Nicole Stettler 與 Lauren Vannett 等人，謝謝你們。我也要感謝艾力克斯·林立（Alex Linley）在緊要關頭時的忠告。

最後，我想要感謝妻子凱雅（Keya）和我的孩子，在寫作過程中給我的支持。你們的包容已經超過我應得的程度了，我愛你們。

R.B-D.

我特別感謝馬丁・賽利格曼在 2002 年時打電話給我，終於把我帶入正向心理學的領域。我們花了兩年合作教導公認的快樂教練服務課程，成為我生涯高峰的一部分。

我要感謝克里斯・彼得森，因為他帶頭領導「行動價值」（Values in Action, VIA）、研究並教授正向心理學，這對我和其他人來說都是非常重要的。

我非常感激羅伯特・拜司華斯－戴納（Robert Biswas-Diener）。原本一開始這只是一份聯合企劃，很明顯現在成了他的著作。我在 2005 年初遇羅伯特，當時我正在讀 Joan Didion 回應羅伯特《魔法思考的時光》（*The Year of Magical Thinking*）書中的觀點。我對他敏銳的才智、對主觀幸福感的研究和在這個領域裡的努力、使用多元科學向度進行統整和撰寫的超凡能力，以及友誼關係等，都給予高度的評價。

我要感謝大衛，這位把教練服務引進助人專業的優秀編輯，也是核心人物。

我要感謝接受訪談、具智慧思想的領袖們，包括：Bonni Akalis、Vikki Brock、Jocelyn Davis、Catherine Fitzgerald、Dan Gilbert、Jon Haidt、Richard Kilburg、Amanda Levy、Christine Martin、Ellen Ostrow、Chris Peterson、Peter Redding、Pam Richarde、Geno Schnell、Tracy Steen、Bruce Taylor、Patricia Wheeler 與 Nancy Whichard。

我特別要感謝恩・迪倫（Anne Durand），不但帶領心靈導師教練有功，也是一位無與倫比的行政管理教練和好朋友。

我非常感激在「心靈導師教練」、「正向心理學心靈導師教練聯盟」、「正向心理學心靈導師教練聯盟訓練團隊」（MCP Trainer Team）、邁向快樂教練服務暨 e 化心靈導師教練社群（成員多達

131,000 人），以及在「真實的快樂教練服務課程」中，與我共同
分享對這個領域的熱情、持續教導我的傑出人士。最後，我要深
深地感謝妻子珍妮斯（Janice）、我的孩子大衛（David）和莎拉
（Sara），一路上不離不棄地陪伴著我。

B.D.

推薦序 I
Preface

正向力：展現自我的能量

看 到此書的標題時，我的眼睛就亮了起來，心裡的窗子彷彿又被開啟了。從有人類歷史以來，人們就不斷追求幸福與快樂，可惜的是悲苦與災難似乎從未間斷過。到底什麼是幸福？什麼又是快樂的真諦？縱有若干智者的雋語，似乎也無法引起歷史的注視。

從佛洛依德（Freud）時代以來，心理學即一廂情願地認為人的問題或人之所以不快樂，是來自於過去的痛苦、挫敗與負向的經驗，因此找出問題的根源使人因之產生自我覺察，便成為心理治療的重點；間或有採取現象學觀點的羅傑斯（Rogers），鼓勵個人從當下情境的脈絡關係裡去重新體認自我的力量。不管是哪一種觀點的心理學，人似乎總在挫敗經驗中打轉，看不到自己未來的願景。存在主義說得好，認為人的存在是在不斷流動的過程中發現自己的存有，而流動又是帶著相對的角度在人際關係中存在，人如果只注重自己的過去就不會有未來。存在主義的觀點，一語道破了正向心理學的核心理念。

正向心理學的出現，帶給人類一個新的希望。人可以不必沉溺在過去而顯露無助的神態；相對的，人會因為知道自己的強項、優勢，知道自己擁有怎樣的資源，於是人有足夠的信心向前行走，這

個世界是不斷地向前走出來的，絕不是一步一回頭理解出來的。正如這本書所強調的，由於人類知識的不斷累積變化，人已經沒有餘暇再去回顧了，人能眼視未來，帶著自己的正向能力與理解，新的世界總是令人期盼與快樂的。

這本書最大的特點不只在提示人們什麼是快樂、幸福，也不單是一廂情願的介紹正向心理學，作者以他對人類行為動力的理解，將正向心理學及教練（coaching）的概念結合起來，創造出一門新的服務哲學觀。作者不像在教人如何應用正向心理學與教練的概念，倒像是一名佈道家，循循善誘人在工作關係中如何善用自己的優勢，從「愛人、感恩、人際互動」中建構一個圓滿快樂的工作關係。作者也特別提到教練服務的觀點可以應用到家庭、婚姻、親子關係，借用作者的一句話：「快樂的人，會有比較好的健康習慣、能有效的看待關係，並且運用健康的思考風格。」能夠這樣，人和世界將充滿了幸福與光明，這果然是一本好書。

關於譯者素惠，從早年社會工作領域踏進了諮商輔導的世界，社會工作的信念就是強調行動與積極的信念，而諮商輔導的訓練更使素惠看到了如何操作個人積極信念的能量。這幾年我個人與素惠在學術的互動中我看到了她的努力，這本譯著雖不是她的創作，但卻也顯現了她個人對人的信念和個人風格的選擇。全書文筆暢順，是一本值得推薦的好書，如果說這本書是一個人未來的幸福寶典，一點也不為過！

蕭　文

國立暨南國際大學教務長

兼輔導與諮商研究所所長

推薦序 II
Preface

我對《正向心理學教練服務》的想法及期待

這是一本有意思的書。

我自己，從事神經語言程式學（NLP）的推廣及教學活動十多年，並在華人或華文領域，不論從引進 NLP 相關經典書籍，翻譯並出版成華文譯著五十餘本，或引進系列相關養成課程從「專業執行師」、「高階執行師」到「訓練師」系列的完整培訓體系的建立，不遺餘力。而在台灣，NLP 雖然還沒有成為家喻戶曉的顯學，但也有數千人受惠並運用於其生活或工作中，其影響力與滲透力，還在持續擴展中。

其中最有意思的，是結合了 NLP 的教練服務模式的發展。

我第一次接觸教練模式，是在約十五年前，因機緣關係在服務的公司內，由外來的一位高階主管講授介紹過。其來自一知名的外商公司，曾在美國受過主管人員的教練管理模式，因覺得這是一種很好的主管與部屬的新互動模式，所以特別開課介紹給我們。說實在的當時年輕，接觸這種新的溝通模式，只覺得是很好的溝通技巧而已，沒有太多的感動。也不知是年久忘了，還是當時的講課者只著重技巧，而沒在這模式後面特有的前題假設或信念著墨太多。到後來，這新的管理模式並沒有在公司內真正生根。我也逐漸淡忘。

　　直到約十年前，我已接受 NLP 完整訓練，正思考如何推廣 NLP 到生活的各個面向時，除了已在進行的執行師培訓課程外，還能有什麼更簡短的應用議題或課程型態可以推展……。機緣湊巧，二位當時在美國受訓時的同學 Jan 及 Leo 要我去香港當助教，因其要開「NLP 教練服務模式」的培訓課程。我參與後，不禁有被當頭棒喝的震撼。這就是我尋尋覓覓多時，要建立的 NLP 廣泛應用的型態之一。這也是我第二次接觸教練服務模式的機遇。

　　從此以後，我除了在高階執行師課程中，調整引進這一應用型態的議題，也開始在企業界推廣。所以，我經歷了教練服務模式的不同發展階段。

　　早期的教練服務，是由美國一位網球教練，提姆・古威（Timothy Gallwey）因其特別的教練經驗，在其出版了《網球的內心遊戲》後，而提出了「人在平時，經常有兩個心在爭執，如能平息這爭執，並真心相信那正向的心，人的最佳潛能就會發生」。古威的聲名遠播後，各行各業的專家掌握了這核心精神，加上其特別的溝通模式，演化為其各自行業的新的教導或領導方式，一時蔚為顯學。

　　可能當時的理論及技術發展還不是很成熟及廣泛，無論在企業界或諮商界，除了少數忠誠的信仰者還不懈地執行著，這股熱潮後來逐漸退去。直到約十年前，因其核心信念與 NLP 的基本信念不謀而合，經 NLP 的有心人士的淬鍊與結合，教練服務再一次掀起了有志者學習與執行的熱潮。

　　奠基於其獨特的假設前題，NLP 對人類主觀經驗的特殊發現與操作，豐富與充實了教練服務的內涵。讓教練服務的成效，可以更快速、有效與不易退轉。

　　NLP 在這部分的貢獻如：

一、其假設前題：

　1. 地圖不等於實際的疆域。

　2. 身心是一大系統中的兩個子系統，改變其一，必然可以牽動另一部分。

　3. 人擁有改變所需要的所有資源。

　4. 大腦對堅信的事，會以「是真的」來執行。

　5. 溝通沒有所謂失敗，只是反饋而已。

二、其模型、觀念與技巧：

　1. 溝通的模式，如親和感、目標建立、敏銳的感官及彈性的行為。

　2. 改變的模式。

　3. 時間線。

　4. 未來模擬。

　5. SOAR 模式。

　6. 感元的辨識、次感元的操作。

　7. 解讀線索的運用。

　8. 生態平衡……。

　　NLP 這部分資源的加入，使教練服務可以更細緻與優雅、多元與彈性，以及完整與長效。將教練服務的議題，由當下拉到相對的未來，由即景拉到相對的願景。由既有的拉到相對的可有的。而教練與個案在互動中，可以有更寬闊的時空優遊與選擇。因此，再度加溫了教練服務的拓展，形成所謂「NLP 教練服務模式」的風潮。

　　這次看到這本《正向心理學教練服務——助人實務的快樂學》的華文翻譯，很高興在華文世界，讓有心推動教練服務的人又有了一本學理充實、實證完備的資源。尤其我特喜歡其強調的一些正向

心理學的要素，其以標籤式的提出，更加深與提升了其催眠式的效果。對個案朝目標的進展，提供了催化與落地的效果。同時，也讓教練服務執行者，在執行服務期間，更具信心與願景。

尤其是提出了在學理上，多年、多人研究的成果。結合古今中外在這生命議題的終極呼籲——選擇「快樂」（不是單純的追逐快樂），及其價值與實證。雖然，我不能過度簡化世事，或個案當時的自我期盼，但是抹去所有外在的情境或過程，世間事如要等閒視之，「快樂」的狀態或心境，或許是一個不錯的切入點與結束點。不論其帶來或帶去的是：滿足、健康、財富或幸福感……。

而其提出以優勢的提示，具體彰顯了個案或許淡忘、或許未覺察到的自我或周遭的潛質，不論是在其個人的或所處的社會的……。不論是在過去的或未來的，不論是內有的或外存的資源。而所有的改變就可能了，只在乎你要不要及什麼時候要……。

信念的形成，不論其在當時，是正向的或負向的，都是因很多重疊或平行的事件所積累的。當要改變它時，不論是要強化或弱化它，最好也是要在有一軸心信念後，以多層的事證，層層堆砌或剝離，其強化或弱化的效果才能被啟動或鞏固。

而正向心理學的教練服務，正是如此的鋪陳與建議著。這是為什麼我說，這是一本有意思的書，為什麼我會喜歡，以及願意推介給有志將教練服務工作，推進到一更寬廣、更深刻及更久遠的境地的教練工作者的原因。

陳威伸

赫威思專業訓練中心

首席培訓師及 NLP 教練工作者

譯者序
Preface

活出正向心理學的風采

感謝上帝！讓台灣第一本以「正向心理學」為名的教練服務譯著出版問世了。當我 2007 年暑期在舊金山與這本書相遇時，只是很直覺地想把它買下來當作藏書，回台灣後遲遲無暇品味作者的智慧精華。直到 2008 年參加「赫威思專業訓練中心」舉辦的教練服務訓練課程後才開始認真翻閱，一讀之下，發現書中內容比預期的更精彩實用，是一本很棒的正向心理學相關書籍，因此興起了推廣的動機。

「正向心理學」是這個時代的重要趨勢，其精神在提倡開發人類的潛能優勢而非修補不足之處，這一點影響了許多心理治療學派的根基、也成為助人工作者的新文化。本書內文闡述了正向心理學的重要概念：快樂與優勢，以此作為「教練服務學」的基礎。

作者以生活實例、相關實徵研究結果，說明該取向為何有用、如何有用、對誰有用等問題，作者提出了簡易的教練服務會談步驟、會談計畫、免費的網路評估測驗的資訊，供讀者參考使用；文中特別強調優勢的特徵，以及個人優勢、社會優勢的發展與運用，是少數完整敘述人類優勢的書籍；書中介紹「行動價值優勢量表」這份測驗工具，作為探索個案優勢的具體指標，也從容點出正向心理學涵蓋的多元議題，例如適應力、感恩、寬恕、利他主義等。作

者也鼓勵教練，以行動導向作為會談主軸，積極協助個案建立適切的目標、打造完美的工作表現。

令人好奇的是，究竟正向心理學教練服務，是否能夠歷久不衰呢？作者利用最後一章，分析未來的趨勢與發展作為答案，形成這本跨越不同生活層次、兼具理論與實務的重要著作，非常值得一讀。

當我在閱讀之際，印象最深刻的是，「感恩」也可以帶來快樂的事實。基於此，不禁讓我想感謝在翻譯期間支持我的人。首先感謝諮商輔導知名學術典範暨正向心理學人生導師蕭文教授、神經語言程式學（NLP）暨教練服務啟蒙者陳威伸老師，感謝您們百忙之中審閱推薦此書，以教練精神啟發我、引領我邁向卓越。在此感謝「國際教練聯盟」（ICF）台灣分會毛豪寧、何浩銘教練，提供翻譯上的建議與鼓勵；感謝諮商心理師社群志恆、幸利、佩錦、哲修、欣圻、宗成、彥宏不時地貼心鼓舞，協助我建構正向積極的生涯工作目標；感謝 NLP 社群李珍妮執行長、宜芬老師、孟儒老師、海龍、巧婷、林青、瑛嬌……等伙伴激勵我對教練服務的學習；感謝影響我甚深的許維素老師、謝麗紅老師、郭國禎老師、王遠嘉老師、簡宏江老師、彭懷真老師、鄧志平老師、林昭宏老師等眾多師長，您們的身教與言教都活出了正向心理學的風采；感謝以優勢觀點進行服務的彰化縣生命線協會暨彰化區婦幼福利服務中心、台灣暨兒童家庭扶助基金會苗栗分事務所的主任與社工員，還有彰化靈糧堂暨彰化縣愛鄉社會福利協會同工群，讓我參與能激發個案內在資源與力量的實務場域，使我學習甚多，您們的努力都是社會的祝福！

還有，我要用這本書為雅凌、秋華、思恬、詩怡、元志加油，感謝工作伙伴帶給我信心與快樂；感謝暨南大學輔導與諮商研究所

博士班同窗好友玟好、德芳、瑩慧、曉佩、佩姍的精神支持；同時我也熱烈歡迎諮商領域新生代怡伶、慧萍、欣翰、乙白、怡婷、雅婷、榆茹、紹瑜、詠昌、佳蓉、慧苓、奕升、俞吟加入助人者行列並以正向心理學作為實務根基。最後，我要將此書，獻給我許多摯愛的彰師大學生與諮輔義工寶貝們，在此僅以無法言喻的激賞告訴各位：「我深深以你們為榮！」

　　我要感謝深愛著我、默默同意讓我埋首書堆的家人，同時更感謝心理出版社林敬堯總編、李晶編輯與工作伙伴大力協助，才得以將此書介紹給華人世界！書中若有疏漏之處，煩請先進不吝賜教，以俾修正。

　　願上帝祝福這本書，讓世界因它而更加精彩、快樂！

陳素惠

2014年譯者序
Preface

正 向心理學近年來已逐漸成為顯學之一，其精神在於強調個人的優勢與能力，而不再像過去的理論觀點，較多著重在問題的診斷分析上。當助人者學習用正向眼光看待當事人的訴求時，很容易就能帶出有力量的引導，以激發當事人面對問題的潛能；尤其從建構願景與目標為首，探索當事人的優勢作為服務基礎，促使當事人可以擁有更快樂、美好的生活，這是每位尋求心理服務的人之最大訴求，助人者也終於可以與當事人一起開心合作，這一點是介紹這本書最重要的動力來源：讓助人工作不再困難重重。

當教練服務的歷程成為一趟快樂旅程時，我相信當事人將會更願意主動地善用優勢，將其類化到生活的其他部分，讓自己成為最好的教練，而達到自助助人之效，這是再好不過的事了！

甚願每一位閱讀這本書的人，都因此獲得力量與快樂，獲得一個嶄新的眼光來看待自己與他人。感謝上帝讓這本書有機會再印，我相信上帝的愛也存在於每個喜樂的人心中。

陳素惠

2014年初

CHAPTER 1 教練服務的矛盾與正向心理學解決之道

　　教練服務（Coaching）成為一種專業，是一個令人興奮的轉捩點。因為有開拓這個領域、勇敢又有天分者所做的努力，最後才能獲得成功：教練服務在商業界中作為一項重要而被廣泛接受的工具，教練培訓計畫為了獲得證書而改進課程，努力符合更嚴格的標準，而個人實務工作也很興盛。甚至有大學開始注意我們的專業，有些州突然出現教練服務方面的碩士學位與認證課程。這些為了要解釋公認的教練服務和個人改變機構的工作差異而令人厭煩的日子，很快就過去了。身為教練的我們，不必再為了要獲得合法專業的基本接受度而掙扎。我們用很多方式辦到了，而且感覺很好。當打開一流的報紙，看到說明教練服務的好處和描繪教練輪廓的頭條時，這種感覺很棒。當我們看到為組織單位成功設計與辦理教練服務工作坊的同儕，或是見證到同事的經濟成就時，我們同感驕傲。我們和參加教練培訓課程的熱情新生談話，會帶來極大的迴響，這是我們的專業正在成長的徵兆。最後，我們可以安然處在同樣想灌輸給個案的樂觀（optimism）之中。

　　是的，我們終於做到了。但是，現在我們在這裡打算要做什麼呢？身為一個群體與專業，我們太過精力旺盛、太有活力、太積極而無法長久閒坐在那裡。你可能會認為因為達到目標而慶祝的時

1

2

候，也能理出邁向下一個任務的路。改變是必然發生的，還有什麼
會比未來十年教練服務方式的改變更令人感興趣呢？教練服務會往
哪個方向移動，我們的處遇與服務在未來又會如何發展，這些可能
性會強烈吸引人們好好思考。例如，科技的進步將毫無疑問地影響
專業趨勢。同樣的，一般大眾對教練服務與好處的瞭解和接受度，
將會用振奮人心的新方式衝擊我們選定的職業，就像心理學研究上
的突破一樣。心理學領域是我們專業上的親戚，也是精細評估、巧
妙處遇與研究許可的絕佳資源，藉由它帶出更好的服務以及對教練
工作的「考驗」，將可以、也會提升我們的工作。這本書就在描述
這種突破——**正向心理學**（positive psychology）的新領域——解釋
了正向心理學裡有許多方法代表教練服務的多元執行方式。針對
「身為一項專業，我們的下一步是什麼？」這個問題，正向心理學
是振奮人心的首要答案。

　　教練服務對人類生活的轉變是一股強大的力量。不論在引導行
政主管、學校老師、研究生、居家網路承包商或是小型企業主方
面，教練服務在駕馭人身上最棒的部分，並激勵人活出潛能。教練
服務像一通叫醒人的電話，挑戰人們去觸發內在豐富之處。因為有
這種針對正向的基本學習，看重成長與樂觀的教練服務會吸引看重
服務品質的實務工作者以及看重成就的個案。如果你考慮的面向與
個案很相似，有可能是因為自我成長價值的基礎大同小異。我們這
些和教練一起合作或是用教練身分進行服務的人，要能辨認個案在
會談中突破自我設限、達到「啊哈」（aha）經驗、或是再度恢復心
情頻率的時刻。這些都是教練服務的寶藏，而且在進行教練服務時
會很常見到。教練服務因為實務工作者和個案而成為一項有價值的
努力，這就是在行動上有正面改變的證據。

　　但是就在正向及效果的掩飾之下，出現一個對專業的諷刺，我們認為是**教練服務的矛盾**（the coaching paradox）：專業是指有系統地幫助人們去追求、並達到與生俱來的潛能，但教練服務卻還沒有達到自己本身的潛能。事實上，雖然教練服務——從目前的形式——算起來已經發展幾十年了，但是仍處於專業啟蒙的階段。甚至，初期的特徵很輕易就顯現出來。教練服務缺乏一致且廣泛同意的定義，教練培訓的內容很歧異（雖然近幾年改善許多），教練服務的處遇方式差別也很大。有些教練會提供激勵人心的故事與遊戲、有些教練會大量仰賴評估方法，其他教練則聚焦在目標與行為上。簡言之，教練服務是一項努力，大體上輪廓分明但還需要精細琢磨。教練服務的專業很幸運的是，很多有技術與具想像力的人正朝著這個目標前進。但是我們選定的努力路線，需要的不只是各自獨立的突破與私人執業者的好意見。教練服務因為太棒，而不會被我們「隨機應變」的感覺所損害。我們的專業服務——不論是行政、企業或生活教練服務——當我們為了教練服務在工作時能系統性共享高品質處遇策略而發展出共通的定義，服務就會改善。

　　可以確定的是，這些領域會產生進步。「國際教練聯盟」（International Coach Federation, ICF）是這項專業的最大管理體系，它為實務工作建立倫理規範，也為新手教練的訓練課程建立標準。ICF 早期的總裁史帝夫・米頓（Steve Mitten），他擔任總裁的重點任務，是把教練服務專業化。米頓努力把教練服務建立成一項真誠的專業，而且有著清楚的培訓與實務標準[1]。相同地，在英格蘭，「英國心理學學會」（British Psychological Society）會員組成一個工作團體，提出教練服務心理學課程[2]。雖然有了這樣的進步，即使是經驗豐富的教練也都同意這項專業還處在形成階段而

4

已。例如卡洛・高夫曼（Carol Kaufman），是哈佛醫學院的教練兼心理學家，他把「第一代與第二代教練服務」[3] 加以區分。根據高夫曼的看法，第一代教練服務是由有遠見且英勇的人，為了協助把服務建立成可行的事業而組成。現在，高夫曼說，我們都在第二代教練服務的邊緣，它的準則需要透過明確界定人類發展理論與教練服務效能研究而成長。就像藥物需要透過發現病毒、使用抗生素才會帶來進步一樣，教練服務已經具有精緻的理論與振奮人心的新式處遇方法了。

最近在推動更成熟的教練服務專業發展時，增加對許多科學好處的注意力。在 2003 年，澳洲雪梨有位教練名叫安東尼・葛蘭特（Anthony Grant），教授世界上第一個以大學為基礎的教練心理學，他號召 ICF 會員把科學作為一套方法和知識體系，以便協助引導實務工作[4]。ICF 發起一年一度的研究評論座談會，呼籲要用科學方法調查從文化少數族群的工作效能，到瞭解個案對教練服務的概念等範圍的議題[5]。在後來的幾年有些卓越的教練例如戴恩・史托伯（Diane Stober）[6] 與巴奈特・皮爾斯（W. Barnett Pearce）[7] 回應了這項原始的呼喚，欣然接受研究是改善教練服務及效能的有力工具。在 2006 年，ICF 主席帕米拉・理查（Pamela Richarde）與「公認的教練訓練組織」（Accredited Coach Training Organization, ACTO）的重要人士談話時，重申組織會支持教練服務研究計畫的承諾[8]。同樣在倫敦、雪梨、費城、紐約的心理學家與教練，藉由形成特殊的教練心理學影響力、舉辦學術會議、開辦同儕審查的期刊、發展以大學為基礎的課程，看到科學在教練服務中的角色。同時，開始出現以證據為本的教練服務專業書籍，或是採用有優質研究支持的心理學理論與技術。如果這個趨勢是教練服務移動方向的指標，那麼假定教練服務在未來至少會是合乎科學基礎的專業之

一，這是很合理的，許多實務工作者會從合格的大學獲得碩士學位，許多個案會想要看到教練服務的實徵效果。我們無意暗示這是教練專業發展的唯一方向，但這的確會是一條可能的途徑。不管每位教練的背景為何，在現在或將來，可以確定的是這些位在科學最前線的人，在他們的專業工具箱裡會多出額外能用的工具。

在這本書裡，我們指出正向心理學的動態新領域——這個部分詳述於後——是科學的分支，當自然的交界點與教練專業銜接時，就能顯現極大的潛能。因為正向心理學的根本基礎是精密的科學方法論，所以它為教練服務增加的研究角色提供了答案。還有，作為一項應用科學來說，正向心理學從現代教練服務工具的附加價值提供了理論、處遇與評估。從婚姻教練服務最講究的方面來談這個新科學時，事實證明教練服務並不會武斷專制，也不會與教練服務現存的取向互相抵觸。正向心理學是理論、研究與實務技巧的主體，它可以附加在任何教練實務中而不限任何理論取向，所以在執行生活教練或是與行政管理者共事時都能使用。另外，我們在這裡要說明一下，這種附加價值對個別教練或整體專業都一樣有好處。

6

雖然我們被教練服務專業散發出來的創造力所吸引，但是我們仍主張要朝向具實徵基礎的處遇方法和穩固理論架構的實務面邁進，這點是個別執業教練及教練服務專業最感興趣的部分。教練戴恩・史托伯與安東尼・葛蘭特認為，這樣的趨勢會提升專業上的可信度，為更高品質的教練培訓提供基礎[9]。在我們生活的時代裡，科學是一種探究問題的超群系統。科學的訴求是要能被驗證，細心研究的結果要可以複製與普及化。因為科學方法已被廣泛接受，所以以科學為基礎的教練實務很容易「出售」給一般會抱持懷疑的大眾或潛在個案，尤其是賣給需要再三保證服務有效的組織。蘇珊・大衛（Susan David）是證據為本的心理學（Evidence Based

Psychology）發起人之一，在美國、澳洲、亞洲等地是企業員工顧問，她鼓勵教練要把服務設定在穩固的實徵主義基礎上。

她在最近的訪談中告訴我們：「當公司與企業談到心理學主題時，他們就變得更精明了。情緒會影響員工的表現，這點對公司與企業而言，是有意義的。我在藥品公司與會計公司打交道的對象會問我『支持服務的研究』這種聰明的問題，而我也準備好答案了。」教練可以誠實地聲稱服務工作來自最新的科學研究及理論，我們預測這將會帶來超越同儕的極大市場利益。這不只是預料雇主會贊同地看著教練，教練也會因為處遇方法可以被測試、有效果——也可能會——適合獨特的個案基準而覺得舒服自在。這項附加的科學基礎，正是第二代教練最大的潛能成長區。

科學對我們專業領域的重要性，最近受到以民意調查服務出名的蓋洛普公司（Gallup Corporation）執行長吉姆・克立夫頓（Jim Clifton）戲劇性的注意。在 2005 年末，克立夫頓在華盛頓的蓋洛普辦公室，主持一場心理學家與教練的大型會議，克立夫頓有敏銳的心思和製造強力激勵語言的天分。他開頭說道：「蓋洛普使用正向心理學，因為正向心理學是有用的。如果有資料顯示對員工大吼大叫會讓他們更有效率的話，那我就改成這麼做好了[10]。」不管克立夫頓把這份聲明說得有多誇張，他的論點都是很清楚的：企業或個案想要投入到有效的工作坊、訓練與服務中。他們想要證明買來的方法與評估是真正有價值的，而不像一時流行的事物這般膚淺。如此一來，當我們在發展專業時，教練可以為我們做出科學成效，尤其是指心理科學成效而言。

在科學驅使下的教練實務會是什麼樣子呢？安東尼・葛蘭特與起初受過臨床心理學訓練的人指出，多數心理學家都受過「學者—實務工作者」模式（scholar-practitioner）的訓練[11]。這個教育模式

教導學生設計研究主題、分析統計資料，以及評價在發展臨床敏銳
度之外，其他研究的優點在哪裡。這個模式的基本道理是，畢業生
會進入職場，成為用研究引導臨床實務的消費者。很不幸的是，這
個策略很明顯是為心理學家設計的，不容易應用到教練服務中。很
多教練沒有研究法或統計學的背景、也沒有心理學的基礎，光是強
調這些技巧不可能把初學者聚集到我們的專業中。雖然未來很可能
會有許多教練從一流的大學拿到教練服務心理學的碩士學位，但是
短期內所有教練——或者即使是多數教練——要擁有心理學背景，
似乎是很令人懷疑的事。所以，證據為本的教練服務，應該要奠基
在不同教育背景的教練都可以應用的科學上。我們已經定義出三個
任何教育或專業背景的教練都能輕易使用的科學領域：

8

1. 調查相關背景素材的讀物會使教練大大受益。我們對教練的理
   解力很有信心，相信他們可以輕易瞭解不同形式的重點研究。
   這裡要考慮的是並非每個人都會被研究者嚴苛的質疑方式所吸
   引。對有興趣直接接觸個案、強調服務面的人來說，一般只要
   熟悉相關的背景研究就夠了。但是擁有科學文獻的基本知識也
   很必要。在我們的經驗中，最能創新的教練，就是那些能用
   閱讀與學習改變歷程作為自我挑戰的人。不論是亞伯拉罕‧
   馬斯洛（Abraham Maslow）的論述；羅伯特‧孔恩（Robert
   Quinn）的領導力叢書，或是專業期刊的文章等等，只要趕得
   上主要理論與新式處遇方法的，都能提供教練競爭的範圍。我
   們用盡方法鼓勵說服教練去瞭解相關的心理學研究文獻，甚至
   概略地進行也可以。我們鼓勵你擴展這樣的學習以超越這本書
   的內容，多涉獵像是可信賴的網站、專業期刊等訊息豐富的領
   域。

2. 第二個科學與教練服務的自然交界點,是指要使用有效的測量工具。在實徵上有效果且被廣泛使用的評估方法,對教練來說十分有用。很多教練都已經熟悉像「十六型人格特質分析量表」(Myers-Briggs Type Indicator, MBTI)與「基本人際關係行為取向量表」(Firo-B)這些工具,而且知道這些工具可以用來協助進行重要層次的教練服務。但是,針對人格、能力、喜好方面的正規測量與其他相關評估方式,向來都是由心理學家主導──由心理學家創造、執行、解釋。除了他們提供的資訊外,一旦把正式評估拿來界定優勢或需要關照的地方時,就可以當成是處遇方法了,也可以用有興趣的測量結果來引導實務工作。雖然實際上很多教練會使用某些現成的評估工具,例如 MBTI,但是仍有其他可行又有用的測量工具還沒有被發現,包括許多容易討論、容易解釋而且免費的方式。

3. 基本上,研究對教練服務來說是很重要的,因為它可以為鑑定處遇方法提供基礎。研究我們實際工作的具體細節,可以讓我們知道為什麼某項處遇會有用,當它起作用時又是用在哪些對象上最有效。舉例來說,舒滋‧葛林(Suzy Green)主持*焦點解決生活教練服務*(Solution-Focused Life Coaching)的成效研究,她和同事在研究中發現,教練服務對希望感、快樂感與個案努力的目標上,會產生相當可觀的收穫[12]。如果沒有對處遇進行這種謹慎的系統性評估,教練服務就會變成是一連串直覺與猜測的結果。處遇方法的實徵基礎知識,能實際讓教練打破一體適用(one-size-fits-all)的心態。研究結果告訴我們,教練服務的過程中,性別、文化與教育背景如何扮演重要的中介角色。熟悉這種研究會使教練有責任感並增加競爭力。科學

能幫助我們瞭解處遇方法的細微差異，也從卓越的教練群中區隔出好教練來。

科學不只是人為的實驗室研究和無趣、結構化的結果。科學歷程包括重要理論的發展、測試與修訂。現在，每當教練服務在成長時——在智慧方面，也依據實務工作者的數量來看——實務工作的理論基礎比任何專業歷史觀點更有必要。理論取向是引導實務工作的世界觀。例如，「醫療模式」（medical model）是當代最多醫生支持的取向，抱持著醫生的工作就是診斷疾病、發現症狀成因、發展並執行處遇等。一旦處於這個模式下的現代醫療對疾病進行處遇而產生不可思議的獲利是無庸置疑時，這是不是看待醫生職務最好的或唯一的方式仍不明朗。例如，獲得諾貝爾獎的醫療傳教士艾伯特・史懷哲（Albert Schweitzer），經常提到他想要和病人一起為「喚醒內在醫治力量」而努力。我們認為從事服務的基本觀點，和教練服務本身的實務策略一樣重要；在此也鼓勵教練持續發展自己對改變方面以及人類本質方面的理論。

很不幸的是，雖然教練會用最廣泛的層次分享教練服務共同的願景，包括把焦點放在幫助個案達到目標，但我們這些促進改變者的任務仍有很多不確定感。協助個案達成目標的最佳方式是什麼呢？是幫助他們移除障礙比較重要呢，還是應該著重在優勢的發展？或者著重這兩者的組合？同樣的，我們應該幫助個案達到和我們自身價值觀極為相左的目標，還是達到那些一般智慧告訴我們不可能產生持久快樂的目標就好？因此，能驅動個案往前的目標難道只是用來測量教練服務成功與否的標準嗎？一個定義明確的理論取向，會是指引我們通過不確定地帶的地圖。

正向心理學正好就是這樣的地圖。在這本書裡，我們認為正向心理學與教練服務的銜接，是回應教練服務的矛盾很自然的一步，而且用新穎又動態的方式發展出這項專業。正向心理學起初是由馬斯洛引進的，除了他有名的「需求階層」（hierarchy of needs）之外，他也廣泛撰寫高峰經驗、存在主義的成長、在生活中為了成功而建立個人資源的重要性[13]。遺憾的是，馬斯洛有很多出色的著作，大部分卻被一般大眾和實務工作心理學家所忽略。然而，近年來，知名的心理學家及「美國心理學學會」（American Psychological Association, APA）前主席馬丁・賽利格曼持續推廣發展優勢為本的正向心理學的重要性。賽利格曼擔任美國心理學專業體制的領導者期間，他大膽聲稱心理學以目前的形式來看，實際上只吸引了一半的信徒[14]。賽利格曼表示，在這個領域分享研究與處遇方法的名人，著重在病理學以及回答「人出了什麼問題？」這個疑問。當這份重視對瞭解憂鬱症與處遇方法帶來重要突破時，並沒有對多數人每天的經驗提供洞察。賽利格曼問，心理學應該提供什麼給那些成功養育家庭、工作表現良好、沒有罹患臨床疾病的大眾呢？專業文獻很明顯沒有提到個人優勢、快樂、工作投入，以及人際關係等事物。賽利格曼宣導正向心理學運動，做為已經準備對這個領域開始努力的少數研究者的酬賞，凝聚對人類興盛的瞭解，為這門學科吸引新的學者[15]。正向心理學是針對另一個重要問題「什麼能讓人們成功發展？」的心理學答案。

我們認為正向心理學很自然和教練服務配在一起，因為兩者都奠基在人類基本上是健康的、有資源的、有動機成長的假定上。還有，因為正向心理學是建立在科學基礎上的理論取向，它包含具有廣大樣本與複製研究發現的能力，也具有許多科學研究的優點。這意味著正向心理學不是鼓舞人心的趣事，而是藉由關心人類差異、

處遇的時間點，包括令人驚訝與反直覺性的結果在內，洞察如何為民眾提供有效的服務。就像正向心理學的研究結果顯示一樣，把焦點放在人的優勢與正向發展上，實際會比放在弱點與問題上更為有效。還有，出乎意料的研究發現說明了，目標是教練服務的聖杯，會隨著對個案幸福感的貢獻多寡而有不同。正向心理學提供有系統的方法來執行正向的世界觀，並提供置身在傳統智慧和直覺之外的獨特洞察。

簡單說來，當蓋洛普公司執行長吉姆‧克立夫頓說出正向心理學有效時，他是對的。從廣博多元領域中做出令人興奮的新研究顯示，優勢、樂觀、快樂是具有明確利益的心理資本。對於感到懷疑的讀者來說，這種要大公司銷售快樂的主意似乎非常可笑。當**快樂**（happiness）這個字眼令組織體系反感時，來自正向心理學的科學發現卻令人安心。例如，最近加州大學河濱分校的心理學家桑賈‧路柏莫斯基（Sonja Lyubomirsky）與同事在研究快樂這種愉悅情緒的好處時顯示：快樂的人比不快樂的人賺較多的錢、工作較少請病假、和同事處得比較好、從事志願服務時間比較多、比較可能協助陌生人、在職務上也獲得主管較好的評價、消費者對他的評價也較高、較少出現工作變動等[16]。這項結果受到經理人和行政主管的歡迎。另外，能產生有效的正向心理處遇的組織文化，經常受到職場員工的歡迎，因為這真的能改善福利。在職場上，正面的取向不只是雙贏而已，對正向心理學教練來說，也是好消息。

更好的消息是，要瞭解與使用正向心理學文獻時，並不需要受訓成為研究學者才行。不像光線折射的數學理論或是黴菌的細胞發展那樣，心理學反而是容易被大眾接受的常識科學。還有，如果在專家審訂的期刊中發表研究，就已經符合倫理審查委員會與專業同儕評論者的要求了。在這個議題上，我們對讀者採用的觀點與用在

13

個案身上的觀點一致：我們認為你是聰明的、能隨機應變的，也具備瞭解這本書內容的能力。因此，在接下來的內容裡，我們囊括正向心理學中重要主題的廣博研究，把它們和教練服務的特殊應用綁在一起。

在本書第一部分，我們呈現正向心理學教練的核心基礎：快樂的定義、培養、維持及其好處。在第二部分，我們涵蓋正向心理學額外附加的支柱：性格優勢和優點的發展與使用。最後，在第三部分，我們把正向心理學教練服務應用到職場上，討論用正向心理學建立實務工作的方法。

一、基礎 I：快樂與正向

正向心理學教練服務的第一個基礎是快樂。持續自我實現是一件會觸動人心的事。快樂是情緒彩虹盡頭的一罐黃金，經由「美國獨立宣言」（Declaration of Independence）的內容到好萊塢電影的美好結局，而滲透在西方文化中。經驗豐富的教練知道，個案很少會為了要增加快樂這項明確的目標而尋求服務。沒有人會認為免費教練服務會談的好處，是讓快樂從 10 分量表裡增加 1 或 2 分。也許這是因為暗指快樂只是眾多能使教練會談時刻增光的目標裡其中一項終極目標。可能因為快樂一般被當成普通的、無憂無慮的偶然情緒狀態，會被工作與家庭這種比較沉重的事務主導。雖然事實告訴我們，個案不會敲我們的門或打電話給我們，只為了要擺脫防礙追求快樂的困境，但是研究顯示情緒遠比目標重要……對健康功能極為重要。事實上，快樂可能是現在正被個案忽略，卻是最棒的個人資源之一。

14

針對快樂方面的研究顯示，情緒比我們肉眼看得到的還要多。
比方說，很多人認為快樂是一個值得嚮往的結果、是能透過物質享
受的喜悅而得到的東西、是一點好運、把工作完成等。在這個觀點
中，快樂是給付努力與成就的情緒支票。在這個主題方面的研究，
描繪出差異甚大的圖像，這個概念就像常識一樣。例如，有研究顯
示，快樂實際上就其本身來說是有好處的，它能作為重要的心理資
產，在努力追求目標時可以派上用場。例如，比較快樂的人更樂於
助人、有創造力、喜愛社交、值得信賴，比較健康。快樂的人也比
較長壽、比較可能結婚、婚姻關係較長久、比較多知心朋友與點頭
之交，實際上會賺比較多錢。假如這樣還不夠的話，再舉些例子，
比較快樂的人會在職場上嶄露頭角，擁有較有組織的公民權、較好
的工作評價，增加生產力[17]。因此，快樂可以當作是達到寶貴終點
的方式，而非只是目標本身。在此說明了一項最重要的訊息是，在
個案觸發夢想的途中，你可以藉由實際提升他們理想的快樂層次，
為整個全新的情緒資源開啟一扇大門。

　　但是，個案要如何被鼓勵才會快樂一點呢？是給他們一份魔法
配方、一顆新藥丸、還是可以實現的神祕祈禱文？這些點子似乎很
可笑。在缺少奇蹟式的情緒治療下，接下來提出的問題就很有意
義：

- 我們任何一個人是如何獲得快樂的？ 15
- 快樂是改變物質生活環境的事，就像賺更多錢、或搬進鄰近地
  區的好房子裡嗎？
- 快樂像是看到杯子裡還剩半杯水，或是超脫失敗與逆境的心理
  學體操訓練嗎？

有一個最可能有效幫助個案提振情緒的方法，就是和他們一起對快樂感設定實際的期望。快樂，就本身而言，不是一個深不可測的坑洞或滿溢出來的杯子。快樂實際上有其理想的程度，也就是指適度的愉悅感，而非狂喜或陶醉。艾德‧戴納（Ed Diener）是世界上領導主觀幸福感科學（science of subjective well-being）的專家，他認為增加快樂最強而有力的處遇方式，就是教育人們不要去期望成就感是無比的熱情或能永久不滅[18]。有些個案可以接受日復一日的愉悅並滿足這種現況，而不是追求升遷、結婚等稀有生活事件所產生令人難以捉摸的情緒快感，這點能幫助他們建立好情緒。個案能把溫和的滿足感視為一種成功經驗，而不是沒達到完全滿足或失敗，基本上對未來的結果會比較積極、樂觀、正向。一個領域裡的小成功，能幫助他們在其他生活領域中建立未來的成功。

除了這些對理想的快樂有趣發現之外，另一個研究派別認為，協助個案把焦點放在如領導統御、關係的連結、自我接納等生存的挑戰上，會是一條能達到快樂既重要又有成效的途徑。事實上，快樂學的研究，提供一些有用的定義——例如生存的挑戰——奠基於宗教、哲學、心理學主題的仔細檢核，對我們深入瞭解最有價值的情緒，是很有貢獻的。在這個部分，幸福感的研究者，補充了一些超越常識或不切實際理論的洞察。研究結果指出，達到快樂、維持快樂的有用策略，包含注意物理環境、個人態度、主觀評價及社會資產。

快樂感的研究顯示，做到維持主觀幸福感的兩個關鍵重要變項是：目標[19]與社會關係[20]。長久以來，目標設定一直是行動導向教練服務的定錨點。針對目標所做的研究結果顯示，時間感以及組織人們的時間、給予意義感與目的感，能再次使人努力達到快樂，也為測量成長與進步提供有用的指標[21]。然而，研究也顯示，並非

所有目標都能被公平地創造。所謂「好的目標」會共享同一個結構，包含可達成、具體、可以測量、以及價值感一致[22]。很多教練會用設定良好目標條件的字母縮寫：SMART（Specific 特殊的，Measurable 可測量的，Attainable 可達成的，Realistic 實際的，Timeline 有時限的）來表示。SMART 是發展目標式的有用速記法，這個簡易的方法不只是明確指出好目標的重點而已。比方說，研究顯示，某些像是和提升友誼有關的目標會帶來快樂，又好比是成功說服他人的感覺，就像中了幸福感的毒[23]。藉由瞭解可能會削弱情緒的目標類型及情緒收益的最大潛能，讓自己熟悉這些研究，可以幫助個案促進更好的正向改變。

結果也證明，目標架構對個案能否發展持續的滿足感，具有關鍵的重要性。不論個案在尋找想要的目標，或是避免可能的災禍，不論是帶來或帶走某事物，都可能對他的心理健康造成很大的衝擊。典型地，當目標建構來避免負向結果（我不想變胖、我不要在晨間會報時有困窘的表現、我不要得癌症）時，比起建構成正向結果的目標（我想要跑馬拉松的一半路程、我想提供能被廣泛接受的言論）會導致更多不滿。目標如何帶來持續成就感的研究知識，可以幫助你在和個案工作時，建立健康的短期及長期行動計畫，反之亦然。

17

除了情緒的基因基礎之外，也許對快樂單一項最大影響因素就是「關係」了。事實上，友誼比交朋友重要、浪漫關係比性吸引重要。一切形式的社會關係提供了安全感、成長的機會、甚至會促進身體健康。信任關係是作為改善工作表現、設立安定家庭生活階段的社會資產。

不論是工作或待在家裡，與他人有好關係是很重要的，因為這會帶來有活力的工作與生活。儘管有這樣的事實，友誼的好處會因

為邊際效益減損而受損，這一點說明了，多餘的友誼不會帶來比較多快樂。瞭解關係能帶來快樂的機制，以及覺察關係本身的限制，可以作為一項容易應用在教練服務的重要智慧。

二、基礎 II：性格優勢

正向心理學教練服務第二項基礎是「性格優勢」（character strength）。人類歷史上的偉大故事，從希臘神話到馬丁·路德·金恩（Martin Luther King Jr.）的故事，都是與優點有關的重要故事；人們要從驚人的優勢位置來工作、要注意人具有優勢的想法，這一點對多數經驗豐富的教練來說並不是創新的概念了。許多技巧成熟的教練會長期注意個案的資源，就像對植物來說，有一片可以讓種子成長與改變的肥沃土地一樣。這裡有個好理由是：對個案而言，談論優勢會比談論劣勢更吸引人。討論已有的個人優勢是提升自信與樂觀的好機會。現在，這是正向心理學這門科學第一次對「性格優勢」提供令人興奮的新洞察，事實上把焦點放在優勢上，通常會比試著硬撐不足的部分要來得更具建設性。正向心理學為使用優勢觀點進行服務的教練提供實徵性證明，就像是提供其他沒有這樣做的教練一份有幫助的地圖。

雖然你的本能會告訴你，優勢為本的教練服務是有效的工作方法，但是你也許沒有寶貴的時間分配給所有好的觀點。你也許會想，性格的特色如果是優勢，它們何時最好用，或如何才能有效測量呢？正向心理學對這些老問題提供嶄新的答案。包含我們其中一位作者（RBD）在內的研究者，開始認為這些性格有廣大的價值，這點也對歷史與全世界帶來突破。例如，研究顯示，不論住在非洲荒野地區、在偏僻的北極或阿馬哈等地，勇氣、好奇心、領導

力都是受人尊敬的性格[24]。還有，研究顯示，當人有機會使用這些優勢時表現最好[25]。很不幸的是，並非所有個案都能覺察本身擁有的優勢或是如何將優勢作最佳利用。所以出現精緻新穎的測量方法能協助個案聚焦在優勢上，鑑定出使他們成為傑出人士的本領。密西根大學心理學家克里斯·彼得森與馬丁·賽利格曼合力創造一份人類優勢與優點的正規分類系統[26]。這個振奮人心的新測量方法，可以在網路上使用、免費而且很容易瞭解。最重要的是，優勢分類法提供一個理想的機會，讓你和個案開啟對優勢的討論。

協助個案確定自己認可的優勢，這只贏了一半。我們鼓勵你和個案一起學習理想地使用優勢。例如，只有勇敢或好奇的傾向，也許不足以保證一定會成功。反之，如果儲存這些優勢，詢問個案何時使用得最好、何時完全無效的話，可能會很有幫助。研究和一般常識告訴我們，現在是駕馭勇氣的時機，也是仔細控制並謹慎行動的時機[27]。形成對這兩者的分辨能力就是在發展智慧，就像寧靜禱文帶來的建議一樣。例如，要去瞭解樂觀主義激勵個案的時刻、當樂觀讓個案不得不延遲目標以進行更有效的教練工作，和克服心理矛盾的時候。在第六章及第七章中，我們聚焦在特殊的個人內在（intra-personal）及人際（interpersonal）優勢，討論如何使用這些主題的研究來迎合個案的行動。

我們鼓勵教練使用以優勢為本的正向心理學，促進自身專業成長發展，其近期的發展讓我們大受鼓舞。我們確定有另一個方法能克服教練服務的矛盾，就像經過服藥的過程一樣簡單——不只能夠讓這個領域可以完整成長，個別實務工作也同樣可以發展得很好。為了這個目的，我們挑戰教練使用本書裡的資訊來鑑定確認、培養、使用自身的優勢，以促進教練服務及實務工作成長。

19

三、 正向心理學教練服務的特殊主題

在聚焦於個人優勢的重要性上，正向心理學遠遠超過了「快樂學」（happiology）或是熟悉的歌曲與舞蹈。事實上，精緻的正向心理學，是第一個承認負向情緒、掙扎、個人失敗也是生活中很重要且無可避免的學問。因為出現大量相關文獻，說明因為逆境而帶來成長，當你在協助促進正向改變的工作時，我們鼓勵你不要忽略個案的失敗與困難，而要把它作為重要的材料才對。正向心理學有許多主題提到一個最根本的事實是，負向需求要依據正向心理學來權衡。例如，研究者調查了智慧、復原力到樂觀等與逆境有關的正向主題[28]。事實上，正向心理學是專業上的一個重要學派，無法在這本書裡完整扼要地摘述。所以我們選擇少數包含快樂與性格優勢在內的正向心理學主題。因為有這麼多教練服務——不論是企業、生涯或生活教練服務——在實務中以這些議題為中心，所以我們把整章騰出來，談正向心理學教練服務在職場的應用。

商業組織構成絕大部分的教練服務環境，並且共享教練服務的專業利害關係。幸運的是，正向心理學很快就受到執行長與經理們的注意。從無線電信公司 Sprint 到電子零售商 Best Buy 等大公司，都開始使用正向心理學計畫，教練也熟悉這些自然增加生意的素材。例如，蓋洛普組織（Gallup Organization），是一間在二十個國家設有辦公室的公司。在唐・克立夫頓（Don Clifton）的領導下，蓋洛普組織使用正向心理學策略產出快樂、勤奮工作、忠誠度日益升高的員工，也產生很多對他們感到滿意的顧客。克立夫頓創立正向的公司文化；一方面珍惜員工、一方面注意他們的個人優勢。從「午餐的學習聚會」到就地日間托育、從酬賞傑出表現到創造以獨特員工優勢為基礎的團隊，蓋洛普組織在職場正向典範上投

資甚鉅。公司盈虧的結算，是從極具生產力的員工到減少低流動率的成本來增加好處。很明顯的是，正向心理學在職場上很有用。

　　有一個很棒的新興正向心理學研究專門研究組織體系如何看待「工作表現」這項振奮人心的應用可能性，這是修正實際工作以便更能達成任務的方法[29]。這項研究出現令人驚訝的結果，某些人——那些有「使命感取向」的人——比較可能做出這種行為而獲得酬賞。社會學家羅伯特・貝拉（Robert Bellah）在其具有影響力的著作《心之習性：美國生活的個人主義與承諾》（*Habits of the Heart*）中第一次提到這種接受號召的態度取向[30]。最近在這個主題上有研究顯示，在任何既定的專業中——不論是法律、旅館經理或管線配置——人傾向在工作中擁有多元的關係[31]。例如有些人不喜歡他們的工作、害怕去上班、只是受到薪資的驅使。有人會喜愛他們的工作，但是把工作當成是財富、地位、責任或成就感等好處的墊腳石。還有人覺得對工作有「使命感」，因為工作常轉換成專業上的成功與深度滿足感而展現熱情。這些有使命感的人會主動修正工作，使工作更有意義。

四、給科學與教練服務的註解

　　我們很興奮能與你分享來自正向心理學的發現，就好像先前我們為了自己而去發掘一樣。尤其，我們發現正向心理學最具動力的部分不只是嚴格的科學基礎，也是充斥這個領域的革新精神。正向心理學正蓬勃發展，不會侷限在專業期刊或學術象牙塔中。當我們為這本書研究背景素材時，我們偶爾會遇到用新方法去應用正向心理學、用刺激性思考為這個領域未來方向鋪設基礎的人。每個案例會因為把焦點放在正向上，熱情隨之出現，這是顯而易見的事。在

寫這本書時，我們不只仰賴正向心理學及教練服務的第一手資料，我們也訪談了許多思想領袖，包含教練培訓者、工作坊領導者、教練、教育家及研究者。幾乎在每個案例中，我們都看到正向心理學不只是專業工具箱裡的一項工具：它是一個能用深遠的方式，影響人的生活與工作的取向。我們希望這本書在你對正向心理學教練服務的瞭解方面只是一個開始而已。

22　　　多年來，我們遇過許多對聽取背景研究興趣缺缺、而致力於學習特殊教練服務實務的教練。這個態度是可以被理解的：多數教練忙著發展私人實務工作，或處理雇主希望能提供高品質服務的要求。這個世界正以致命的速度不斷地移動著，很多人沒有時間去解釋什麼，而理論也無法在匆促的早餐時光裡被討論。我們所有人都被資訊淹沒了，讀者想要知道的，不只是一些在大學研究室裡令人感興趣的主題，也會想知道如何把這些研究發現應用到真實世界中。

　　　儘管有了這個自然的觀點，我們仍要鼓勵你花時間學習形成「正向心理學教練服務」基礎的理論與科學。我們定期推廣這個觀點，適時反映出什麼變得更好了、在教練服務中哪些部分需要改進。我們鼓勵你定期回到源頭，不論是在週末讀洛羅‧梅（Rollo May）的論文，或是與配偶討論在你年幼時父母的正向期待如何影響你長大成人後的目標。這是逐步形成專業的好方法。所以為了這個目的，我們希望本書能提供刺激的新觀點讓你思考。我們打算萃取這十年來多元主題與重要研究的精華，變成強而有力的藥劑，使人容易服用。花時間讓自己熟悉相關背景研究，會使你成為更強壯的實務工作者。對教練服務來說這是一種藝術，經常可以從自發行為、玩耍以及教練服務會談的敏銳洞察力等方面看到。在此，我們不認為系統性科學應該取代這項藝術，也不贊成千篇一律的處遇方

法。反之，我們相信研究文獻本身充滿隱藏的寶藏，你可以用巧思和創意去設計處遇方法，就地影響獨特個案的基礎。

基礎 I
快樂與正向

快樂：
我們很少談論的目標

　　花點時間問問自己這個價值上百萬美金的問題：「我快樂嗎？」
隨意花點時間想想你的答案。真的去思考一下吧。要做到在心中權
衡、計算生活所有不同因素的程度，你才可能對這個問題想出一個
驚奇又簡潔的答案。要根據「考慮一切之後，我想我終於來到快樂
這一邊」來思考。不管你真正的答案是什麼，思考如何達成決定是
很有趣的。你大概會思考事情進行得如何，可能會把焦點放在最近
的計畫上，而不會從十年前開始想。也許你想過婚姻品質或是生活
環境，例如收入或通勤。實在有上千種的訊息要考慮了。你愈仔細
思考快樂，你就愈能瞭解情緒性幸福感的願景是一種難解之謎。

　　當你想花時間過濾從過去到現在生活中每個讓你珍惜的區塊，
必然會期待能想到一個合乎情理、條理分明的答案。很幸運的是，
人類不會終其一生整天都在記每次的成功與失敗。很多人自在地超
越十二歲時發生的腳踏車意外，當年在夏威夷吃著不符合標準的晚
餐、或是大學時代的超速罰單。相對的，你比較可能會計較過去到
現在主導著注意力的重點事件。基於這一點，你會對生活一些領域
感到很滿意、對其他領域滿腹牢騷，這樣的說法是公平的。我們猜
想你喜歡你的婚姻、疼愛你的孩子、對未來的工作抱持希望。而且

在每個向度中，可能會形成一兩項讓你備感壓力或是想要改變的事件。最後，對快樂來說會出現很多複雜的觀點，有時候會令人大感訝異，原來我們每個人都可以按照心理計算做出結論。

再來，你可能對於任何既定時間內一般的快樂程度有著合理的想法。事實上，我們確定你真的會這樣。在我們工作的這幾年裡，還沒遇到任何一個在西方國家受過教育的中產階級人士，會對他（她）的生活是否該朝向自己想要的方向前進不抱任何想法，想接受教練服務的個案也是這樣。他們知道大致上是否快樂、是否滿意自己的生活。還有，有極大的可能性是，他們能相當清楚地表達生活裡哪些事情很順利、哪些卻變糟了。

一、快樂在教練服務中占有一席之地嗎？

有經驗的教練都知道，個案為了要變得更快樂而尋求服務的例子確實很罕見。的確，本書作者從未遇過任何一位準個案說他主要的目標是「我想把整體快樂程度，從 6 分提升到 8 分」。反而個案來找我們是因為想在工作中找到更多滿足、希望處理工作的問題，或最後把焦點放在非當務之急的夢幻小說上。當然，工作困擾與不切實際的夢想，暗示了某種程度的不滿意或自我實現盔甲的裂縫。這可能是說，如果你仔細觀看並傾聽個案的抱怨，你就會發現沒說出來的快樂感目標正潛伏在遠處。這個屢次出現的問題，動員他們尋找專業協助，開始思考要改變。在這些例子中，個案因為他們——某種程度上——不滿足、混亂或被生活某部分卡住而請求服務。在最基本的層次上，他們尋找的是對現行問題的解決方法，好讓他們經歷到滿足與平安。底線是，無論他們能不能發現快樂才是終極目標，他們確實都在尋找更多情緒上、靈性上、心理上的

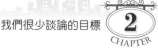

滿足，就像我們一樣。即使是聲稱目前最迫切關注的是增加影響力或賺到更高額支票的那些人，實際上都會發現，這些都是更深層的意義感和自我實現的墊腳石。在工作方面能更為滿足、增加與家人相聚的時間、讓長期未動筆的小說有進展等，都包含了我們熟知的快樂情緒在內。身為教練，當我們詢問強而有力的問題或創造覺察時，我們常在方法中帶著固有的假設，認為教練是在提供滿足快樂的服務。

事實上，快樂及教練服務實務工作和個案有關，就像其他你所關心的事與處遇方法一樣。「心情」很接近樂觀、積極、堅忍不拔，就好像綁在一起一樣。惡劣的心情會使個案能量耗盡並妨害正向關係；反之，正向感卻能為成功提供最佳的機會。考慮把快樂與其他愉悅情緒當成是可以達到的情緒終點線，這是很重要的。研究顯示，正向力（positivity）是幫助個案達成目標的重要資源[1]。在思考這個方向的時候，就不用再執意阻擋與快樂相關的有用理論和處遇方法了。你可以藉由教育自己這個吸引人的主題，增加一項有用的新工具在你的教練實務技巧項目裡。

長久以來，快樂這個主題讓人特別感興趣。遠古的希臘哲學家例如亞里斯多德，就已寫下對這個主題的重要論著[2]。從古希臘到現代之間的幾個世紀中，重要的思想家陸續加入，一起思考快樂議題。聖湯馬斯·阿奎那（St. Thomas Aquinas）、約翰·斯托得·米爾（John Stuart Mill）、君士坦丁·弗雷伯特（Gustave Flaubert）、查理斯·達爾文（Charles Darwin）與亞伯拉罕·馬斯洛，都是少數顯赫的思想家，也都同樣把注意力轉移到情緒的聖杯——快樂上。在現代，快樂已經在大眾想像力上得勢了。在西方文化中，它包括有美國「獨立宣言」（Declaration of Independence）、速食店的「快樂兒童餐」，還有幾乎每部電影的結局。事實上，快樂在現代文

28

化腳本和在機構中很普遍，也在道德規範中被廣為傳播。這些日子以來，個人的成功會帶來高度的情緒幸福感，就像獲得經濟收入一樣。我們對賺到不錯的收入或享受合理的社會地位，永遠都不嫌多的，而且我們現在也必須要擁有快樂才行。快樂不是一種獨特的美國現象，其他國家的人也會想要享樂、戀愛、感覺到平安、經歷到滿足感。「快樂的迫切性」（happiness urgency）散發出來的感覺與全球化自我反思的趨勢，是許多人尋求教練服務的原始動機。但是對我們這些相信教練服務的力量，對個人、社會及專業發展是一份有效工具的人來說，最有意義的是瞭解到我們如何選擇適度的工作以推廣快樂、什麼方式會無意間阻礙個案追求情緒滿足。

作為一門專業，教練很幸運能在個人與組織對快樂感到興趣的成長浪潮中居於最前線。多年來，情緒被視為是無聊瑣碎的情感消遣，所以在商業、領導力發展、自我成長的意義方面都沒有什麼地位。當馬丁・賽利格曼擔任美國心理學學會主席期間發起正向心理學才產生戲劇性改變[3]。賽利格曼急切地指出，絕大多數的心理學研究、評估及處遇都把焦點放在精神病理學上。不用懷疑，像憂鬱症、焦慮症及其他臨床疾病都被迫切關注；但是，人類有很多好的事情該怎麼辦呢？人類的鼎盛時期呢？賽利格曼有足夠的勇氣注意到心理學知識有個明顯的缺口，他也有足夠的遠見，察看把正向心理學帶到前哨的方法。他鐵腕擁護著研究的新路線而帶來驚人的成功。在短短幾年中，賽利格曼的智慧結晶擴展為可獲利的研究獎項、一年一度的會議、青年學者的發展計畫、備受矚目的組織捐贈者、最暢銷的書籍、大批媒體的注意、令人興奮的新評估方法。但是，正向心理學比能提供訊息、鼓舞人心的魅力型領導者還要重要。近年來可以看到正向心理學從一時的流行，逐步發展到一個可駐足的機構。就像我們在第一章裡提過，賓夕法尼亞州立大學現在

29

已經有應用正向心理學碩士學位課程——這是一項世界絕無僅有的創舉，蓋洛普則是把正向心理學放在每半年一次、用壯觀的二十五萬現金作為酬賞的克利夫頓優勢獎（Clifton Strengths Prize）上。

　　賽利格曼早期也看出正向心理學因為太棒了，無法把它放逐到學院理論或誨澀的研究中。賽利格曼受訓成一位臨床心理學家，急切地去發現人使用正向心理的方法，他把教練服務視為一項合乎常理的應用方式。我們在挑出人很棒的部分時，很多教練就已經是在服務中使用正向心理學，雖然他們經常是在不知不覺中做到的。賽利格曼與本書一位作者（BD）合作創立「真實的快樂教練服務課程」（Authentic Happiness Coaching, AHC），用正向心理學的科學支持和新的處遇方法訓練了上千名教練。很多課程畢業生繼續建立蓬勃的實務工作，或是用新工具提升現行的實務工作。我們為了寫這本書訪問了其中幾位實務工作者。自從 AHC 開始之後，正向心理學持續成長，新處遇方法的效果也獲得研究的支持。

　　有些研究者，特別是與大組織合作、在大組織內部工作或提供行政管理教練服務的教練們，也許對於要和公司或個案談論快樂而會覺得懷疑。這份猶豫不難理解；這是一項聰明的勸告。「快樂」這個字是一個曖昧不明的專業術語，而且可以——在某些人心中——被認為是天真、自滿或新的年齡歧視，這是很危險的。很多和我們談話的教練，為快樂找到新的替代標題、字眼與架構，使這個概念對個案更具吸引力。哈佛的講師兼教練卡洛·高夫曼說，好的研究可以持續銷售其他方面視為「軟性」的主題，像「希望」（hope）這個主題就是一個例子。高夫曼在最近的訪談中向我們解釋：「當我談論希望心理學時，我會描述它的效果說它是預測成功的有力因子。我可以向個案展現支持我論點的研究。」一般來說，成功的教練會把概念和職場的成果結合在一起來推銷正向心理學，

特別是針對快樂而言。這樣就把「增加快樂」定位在銷售團隊中，另外也提供「特別設計用來促進個案得到正向力的課程，引發更高的消費者認同與忠誠度」。但是快樂是超過口語體操訓練的，它是——相當實在地說——此刻正被個案忽略的重要主題。快樂不是無所事事的情緒安逸狀態，它確定是有幫助的。我們在寫書期間訪談的教練與顧問們，對正向心理學的組織接受度所做的評估結果是全體一致的。快樂、情緒智商或心流（flow）是不是主題並非重點，當商業領導者看到這些主題會影響盈虧基準時，他們就會很驚喜的敞開心胸了。

你是否還在思考要學習如何對個案銷售有關快樂的服務和課程呢？可以考慮一下由加州大學心理學家桑賈・路柏莫斯基與同事針對快樂主題所進行受人矚目的科學研究回顧[4]。研究團隊回顧了很多跨年度的研究，使用大範圍的樣本。回顧者發現了什麼呢？快樂，簡單來說它比愉快更強烈、又有好處。快樂的人比不滿足的人活得更久、比較有可能結婚（並維持婚姻關係）、有比較多朋友。誰不想要更富有、更健康、更受歡迎呢？假如這些結果足以當成把焦點放在快樂上的理由的話，表示路柏莫斯基和同事也發現了快樂與職場相關的廣大益處。組織針對個人品德進行評價時，對快樂的人一般的評價會比其他不快樂的人高：快樂的人比較少請病假、對雇主的忠誠度較高、從上司及顧客那裡得到比較好的評價、展現較多助人行為、比較有創造力。什麼樣的雇主會不想要健康、有生產力、忠誠、可信賴、有創造力、友善的員工呢？事實上，快樂不需要被販售……它就會推銷自己。快樂的感覺很好，人很想要擁有它，它已經被證實不論對個人或職場都會有極大的好處。

> **重點❶** 快樂是有好處的。快樂的人活得久、婚姻關係持久、賺較多錢、從主管那裡獲得比較好的評價、比較少請病假、比較值得信賴並且更有創造力。

你還是沒有被說服嗎？那麼參考一下接下來的這個例子，看看正向心理學如何成功運用在商業上。在最後一章裡，我們討論蓋洛普執行長吉姆‧克立夫頓告訴一群教練及心理學家「正向心理學很有用！」的時刻。在同一個會議上，克立夫頓進一步證明使用正向心理學的技巧是對的，例如建立員工優勢及提升工作快樂感。你想這會是企業主管的應酬話嗎？蓋洛普出版一系列暢銷書，最新一本是《你的桶子有多滿？》（*How Full Is Your Bucket?*），所有核心思想的樞紐都聚焦在正向心理學比繞著負向感打轉更有效[5]。

克立夫頓也說，我們生活在公司間競爭邊際非常狹窄的時代，任何對商業有利的優渥條件都能轉變成市場實質的收穫。正向心理學正好是一項優渥的條件[6]。雖然我們認為克立夫頓是一個有活力、有愛心而且聰明的人，但是我們不會把他當作是持不同意見的執行長。企業裡其他主管也同樣心胸開放。事實上，「證據為本的心理學」顧問蘇珊‧大衛告訴我們，和她一起合作的執行長們都很渴望有效的新典範、處遇方法、技巧與機會。

這一點可以從超過兩百間「大衛的婚紗連鎖店」（David's Bridal）這個特殊的例子中看到。大衛與心理學家馬丁‧賽利格曼聯繫，請他協助為員工設計訓練課程[7]。這項課程目標在增加員工的「復原力」（resilience），這是處理新娘子的焦慮與優柔寡斷的一項重要能力。在四間大衛分店測試賽利格曼的計畫，結果銷售量增加了。不管是銷售新娘禮服或電視，公司從增加的數字中學習到的

事實是，快樂的員工具有更高的生產力、正向的工作文化對盈虧基準線有幫助，以及正向心理學處遇方法很有用。

二、非常快樂的人

快樂的人能在許多生活區塊中享受成功、快樂對商業會帶來好處，背景研究具有某種程度的真實性，告訴我們是什麼使這些收穫發出微笑與歡樂？快樂的人做了什麼和我們不一樣的事情？對高度快樂者的習慣感到納悶是很有意思的。他們比較聰明、比較有活力或是比較仁慈嗎？簡單的微笑、飛揚的心情如何產生豐富的個人與專業利益呢？究竟什麼條件會使快樂的人成為贏家，這裡有三個重要的研究提供了線索：

1. 正在持續累積的相關研究指出，好心情很明顯會帶來健康方面的好處。可能最為人熟知也最有趣的是狄波拉‧丹能（Deborah Danner）和同事共同主持的「修女研究」（nun study）[8]。丹能的研究團隊檢視早期十年間在女子修道院隱居的修女呈現在簡短自傳中的故事。這份論文是獨立研究的一部分，但是丹能可以分析故事裡有沒有正負向的句子與字眼。基於這項單一次簡單的紀錄，研究者發現修女比其他負向的人，被標示出更多顯示高生存率的正向自我形容詞。正向的態度似乎和在人生的黃金時間還活著可能有很大的關係。因為修女們的生活風格非常相近使得研究結果非常優質。她們大致上在喝酒、抽菸、運動及飲食方面有同樣的習慣（這不是雙關語喔）。丹能的研究是一個強而有力的例子，說明了快樂對健康

的好處就像一張情緒支票，可以買到能不用生病請假的活力、熱情和保護。

2. 第二項研究由心理學家艾德・戴納（快樂學研究之父）與馬丁・賽利格曼（正向心理學之父）主持[9]。戴納和賽利格曼對快樂的人有哪些共同點很感興趣。他們很好奇這些在快樂量表上得到高分的幸運靈魂，有著怎樣的特質、活動和生活環境。為了檢核這個問題，研究者拜訪在快樂量表上出現極高分與極低分的人。什麼力量可以使這些快樂的人從糾結的情緒中被區分出來呢？是他們的銀行帳簿嗎？是他們的學歷地位嗎？是他們與上司的關係嗎？戴納和賽利格曼發現，快樂的人共享一項特質：他們有豐富的社會酬賞關係。這些人婚姻關係良好、和老闆相處得很好、有很多可以信任的朋友。在這方面，社會關係就像汽車引擎的發電機需要時常不斷的充電，即使正在使用也一樣。親密關係可以存入個人的「快樂銀行」，同時，你增加的快樂感會幫助你維持舊關係並獲得新關係。

3. 最後一份研究由桑賈・路柏莫斯基和同事所主持，要檢視他們所謂的「生活的藝術」（the art of living）[10]。研究者花時間檢視快樂的人長期在心理上如何對不同的情境做出反應。研究者選出這些在快樂量表上前 25% 高分的幸運靈魂，檢視這些有快樂性情的人有哪些心理習慣。經過一連串的實驗研究與已出版的研究結果回顧，路柏莫斯基發現快樂的人和一般人的思考風格不同[11]。根據研究者的發現，快樂的人比較少自我反思（尤其是沉默反省）、比較少和同儕做負向比較（例如，如果有一位朋友成功了，你就會覺得自己很糟）、比較可能正向理解事情（就是指，他們可能會減少日常爭吵的衝擊而是去品嚐成功的

34

35 喜悅)。好消息是，個案所關心的部分，正好是認知習慣可以學習到的。我們在下面兩章會討論如何把這一點做得更深入。

把上述觀點放在一起看時，研究顯示快樂的人有共同特質，他們：(1) 使用正向思考習慣以維持幸福感，(2) 身體健康，(3) 用心看待關係，就像園丁悉心照顧植物一樣。快樂的習慣有神聖的三位一體，依序轉變成在家庭與工作上的極大好處。這是對快樂感粗略的研究成果。在這些表面之下，潛藏許多令人好奇的問題：什麼是快樂？要如何獲得快樂並且維持？我們的環境，例如收入會如何影響我們的幸福感呢？提出這些疑問的科學主體正在成長，將為你和個案帶來有幫助的答案。因為這些答案出現在實徵研究裡，所以我們希望最好能在發展正向心理學實務工作時拿來使用。

◎重點❷ 非常快樂的人，會有比較好的健康習慣、能有效地看待關係，並且運用健康的思考風格。

三、快樂感的科學史

在過去三十年間，科學用嚴肅的方式，把注意力轉移到心理學最初關心的問題上，諸如人的自我實現與持續的情緒快樂。在早期，研究者會使用簡單的快樂調查表，去評估大學二年級學生、年長的人、富有的人，以及其他感興趣的人口統計學裡群體的心情。這些研究領袖主要對生活環境、幸福感的影響感興趣。例如，荷蘭的心理學家路特・英何文（Ruut Veenhoven）花了幾年時間，從許多國家蒐集並分析快樂感的資料，而在平均國家的快樂目項中分出不同等級的社會[12]。英何文認為就國家這種大群體層次來

36

看，快樂是——某種程度上——一個來自「適合居住」（livability）社會下的產物。有高品質的教育系統、好的公共建設、高識字率、性別平等、豐富的職業前景、現代化健康照護的國家，就可以產生比較快樂的公民。他努力研究不同國家對快樂感的影響使他贏得國際的讚賞，當他開始實施測量「興旺之國的快樂」（gross national happiness）的活動時，也應邀擔任不丹政府的顧問。英何文在他建立「快樂感的世界資料庫」網站（http://www1.eur.nl/fsw/happiness）中，編撰令人印象深刻的研究資料與目錄註釋。

另一組早期的研究者選擇把焦點放在快樂感的內在心理層次上，例如人格類型的角色。舉例來說，威斯康辛大學心理學家卡洛‧魯夫（Carol Ryff）發展「心理幸福感」（psychological well-being）理論，她檢視每個人致力達到自我決心時會面臨到的基本生存需求及挑戰[13]。根據魯夫的說法，人有基本需求——這和馬斯洛提出有名的需求階層很相似——為了要讓心理健全而必須被關心與滿足才行。根據魯夫的說法，當人感覺能與他人連結、能自主、有能力時，會比較快樂。

當快樂感的科學在測量與研究設計上有了進步而且向前推動時，與快樂感有關的新點子就在學術社群中浮現出來。普林斯頓大學教授與諾貝爾獎得主丹尼爾‧高尼曼（Daniel Kahneman），推廣「客觀的快樂感」（objective happiness）[14]作為現代研究的傳統。據高尼曼的說法，要抓住一個人「真正快樂」（true happiness）的時刻最好的方法，就是去測量他每一時每一刻的感覺。基本上可以用掌上型電腦或類似的電子儀器，在一天中隨機但經常間歇性的去研究這個參與者，以呈現其心情概況。雖然這聽起來可能很像幻想出來的方式，但是高尼曼從過程中發現一些有趣又經常憑直覺就能得到的結果。就像如果有一個經驗持續愈久人就會回憶得愈多一樣，

這個經驗不是非常愉快就是非常不愉快的事,這樣是合理的。例如,去夏威夷度兩星期的假,似乎比為期一星期的假期更能帶來加倍的快樂。相對的,經歷兩小時長的牙醫門診,會產生出比一小時門診高出兩倍的不愉快,這是合理的。高尼曼和同事發現這些案例中必有常識概念存在。結果證明,當人回憶他們有多麼享受某件事情或活動時,他們就會有忽視持續時間的特殊認知習慣。反之,人在評估時會傾向去看高峰經驗和結果、最好(或最差)的時候、最接近的時刻等[15]。高尼曼說,人不會永遠用預期的方式進行心理計算,回憶事件是重要的快樂感主觀層次,而且不一定要回憶得很正確才行[16]。

高尼曼的研究對教練來說還有一項計畫之外的附加好處。他的研究是一位受人尊敬的科學家激勵人心的例子,有一位經濟學諾貝爾獎得主相信,測量快樂不只是可能的也是很有價值的。他的研究也顯示,快樂感的科學研究加以延伸後,會超越常識性假設或憑直覺的個人意見。因為科學方法有著精細測量、一般化的結果,以及可以建立因果關係控制條件的優點,使快樂感科學可以真正大量附加在許多我們創造出來但尚無經驗的理論中。

> ◎重點❸ 快樂感的研究是不明顯的。快樂感可以被科學測量與研究,
> 而且快樂感的研究結果通常是反直覺性的。

38   也許快樂感研究的最新發展讓我們對這份生物層次的美好感覺有成長性的瞭解。近年來,大腦影像技術和生物測量方式的進步,引發激勵人心的新洞察。舉例來說,研究者使用電腦斷層掃描(EEGs)可以確定大腦左前額葉與中額葉是行為舉動與愉悅情緒的中樞[17]。這意味著科學家可以找出大腦貼近、探勘、發現、感覺到

快樂的反應部位。雖然這仍處於相對的初期，但是這個科學派別負擔了發展生物性快樂的處遇方法的責任，並且為快樂感的「堅固科學」提供了非常必要的例子。

針對快樂感的大腦研究中，最為人熟知的例子或許就是威斯康辛大學神經科學家理查·大衛森（Richard Davidson）的研究了。大衛森是 1960 年代古魯（印度教的導師）雷姆·達斯（Ram Das）的朋友、也偶爾是達賴·喇嘛（Dalai Lama）的客人，長期以來他對冥想與心智控制很感興趣。為了調查這個主題，大衛森花了幾年時間研究用靜默隱居來練習內觀調息的佛教僧侶馬修·理卡得（Mathieu Ricard）的腦部活動[18]。大衛森要理卡得「自動產生同情心」，這一點對我們在日常生活中遇到令人挫折的通勤狀況、排隊買午餐、與態度不佳的客服人員互動時，都是很令人掙扎的任務。套上掃描器的實驗室助理一旦感到同情時，顯示器上只會產生小光點。但是輪到理卡得實際被要求出現同情心的時候，卻出現強烈的稻穗狀光線。

這不只是一份人體調節能力令人印象深刻的證明，也是神經科學與快樂感緊密結合後邁出的第一步。當測量技術變得比較便宜、更容易使用、更容易攜帶時，快樂感的生物學基礎會用令人興奮的新方式來影響教練服務。想像一下為了接下來的任務，安裝能用閃爍視覺刺激來瞄準大腦活動區域的程式化電腦控制台。或是想像有一套西裝，可以監控壓力的程度並指示你何時是休息的適當時機。按照知識與技術在這些領域中進步的比率來看，這個點子可能並不算科幻的想像，而是不久的將來可預見的真實的合作關係。

但是我們對快樂瞭解這麼多——如果我們知道快樂是什麼、誰擁有它、如何得到它——那為什麼人沒有變得比較快樂呢？如果媒體報導被採信，人就會空前地群聚以尋求治療、消費抗鬱劑。校院

暴力事件頻傳、離婚率在工業化國家已經達到警戒數字。藥物濫用統計數據、都市犯罪率、愛滋病比例、武力衝突、遊民，完整呈現出當代社會的黑暗寫照。甚至當我們享受空前的物質生活、個人預期的自我實現時，初見之下，似乎就像情緒上懸殊的比較一樣。面對令人沮喪的社會傾向，詢問出了什麼問題是很合理的。一旦處於複雜及困難倍增的世界中，很自然會對保持快樂的人感到好奇，也會好奇他們是怎麼做到的。當我們想要回答這個重要問題時，主觀幸福感（subjective well-being, SWB）的研究在快樂感的心理科學黃金準則裡，對回答這個重要問題有一項重要的資訊來源。幾十年來，SWB研究者使用精密的方法對世界各地廣大的群體測量不同的快樂感面向。結果，我們很瞭解誰是快樂的，還有他們是如何達到這個令人羨慕的情緒狀態的。

四、「快樂感」的名詞解釋

　　在深入探究快樂感的科學祕密之前，我們應該花點時間談論一下這個本身經常出問題的世界。**快樂**變成一種語言的速記法，也代表了很多意義。快樂包含欣喜、興高采烈、天真或知足。有人認為快樂是一種內在平靜的感覺，有人認為是令人手舞足蹈的歡樂。有些人會把快樂想成是滿足的同義詞，有人把它想成是精神抖擻與精力充沛的感覺。雖然你從來不會用這種方式去思考情緒，但是正向情緒比負向情緒更「同本同源」（bleed together）[19]。不愉快的感覺，像是恐懼或憤怒，提供一個特別的目的與信號作為我們對環境與特殊行動方針的重要資訊。另一方面，愉快的心情在使用上比較不明確。知足、欣喜、興高采烈以及朝氣蓬勃，都是與快樂有關的感覺。

因為快樂的核心是一種主觀的感覺，不同人詮釋字面上的意義就像用不同的方式去感覺一樣。但是儘管在價值與道德上有文化和個別差異，我們仍共享相同基礎的生理學，所以，也共享相同基礎的情緒系統。保羅‧艾克曼（Paul Ekman）與其他研究者走訪世界各個遙遠的角落，對人們共享快樂的瞭解、認識、基本經驗提供了豐富的證據[20]。雖然令人感到快樂的事情、人能感受到有多快樂，彼此會有差異，更重要的在於快樂經驗的共同性；快樂的感覺是愉快的、快樂是短暫的、快樂激發我們的動力。

主觀幸福感的研究者的功勞是，他們很早就體認到一個問題，就是要適切定義快樂感、發展出橫跨能廣博詮釋快樂的幸福感理論。根據主觀幸福感的世界領導專家艾德‧戴納的說法，快樂感包含情感（感覺）因素與認知（滿意度）因素[21]。快樂可以想成是愉悅情緒的總和，例如欣喜和感情，對整體生活或婚姻、職業、通勤等生活特殊的部分滿意與否的認知評估，感覺是可以加分的。事實上，快樂的研究有助於產生像 SWB 動力的廣義定義：快樂的表現，包含愉悅的感覺、自我實現的感覺、允許不愉快情緒發生的適當範圍。此外，戴納很快地指出，快樂不是一種難以置信的熱情與著迷，它更常是溫和適度的愉悅感[22]。當我們朝這個方向思考時，SWB 就是一個能把多數人個別對快樂的定義包含在內的理論了。

在這裡也必須要對恐懼、憤怒及難過等不愉快的情緒進行評論。教練、心理學家、個案都傾向低估不愉快的情緒。很多人認為，快樂某種程度上缺乏了難過或負面情緒。然而，這並不是真的。主觀幸福感研究者同樣也去注意不愉快的感受，確認它們的功能。事實上 SWB 研究者相信憤怒、恐懼與難過是可以幫助我們度過人生的重要情緒。舉例來說，想像一下失去摯愛的人卻不能經驗悲傷、不能對不公義表達憤怒，或對客觀生理上的危險感到恐懼。

41

主觀幸福感研究者認為我們應該且必須真正感受到這種情緒才行，但在理想上，我們想感受欣喜和感情這種愉悅情緒的期望，相較之下會比想感受負面情緒多出很多。經常允許自己去感覺負面心情、擁有檢視這些情緒價值的能力，對於把情緒的完美視為是僅有欣喜感而沒有其他任何情緒的個案來說是一種自由。

> ◎重點❹ 快樂是時常發生的經驗、是適切溫和的情緒、與缺乏負面感受有關，並且是對個人生活滿意度的整體感受。

五、發現主觀幸福感

　　一個快樂的人，從 SWB 的定義來看，是指對生活有某程度的滿意度、愉悅情緒的優越感、只有偶爾會出現一下的適度罪惡感、難過、憤怒及恐懼。這樣快樂的人，比較可能享受工作、擁有富含意義的友誼或浪漫關係以及合理的健康。當然不用懷疑她有時也會感覺「心情不好」，經歷到生活中正常的沮喪與焦慮或偶爾抱怨一下，但這些感覺是情緒的少數狀態。此外，快樂的人多數時候比較可能感覺到溫和適切的愉悅感，而非所有時刻都極度快樂。當我們用這個角度看待快樂時，浮現了一張顯著的圖像；這幅針對快樂的人所做的描述，也是我們多數人對快樂的描述。我們會稍微去看我們有多喜歡自己的工作或是偶爾會有人際關係上的麻煩，但是基本上我們生活裡的正向感覺多於負向，普遍來說也對生活裡許多部分感到滿意。

　　SWB 的研究結果提供有趣的方式來看待快樂這個概念。你可以從語法上把快樂分析成三個基本部分：歷程、生活條件及個人選擇。歷程是指，我們不易覺察卻會影響情緒幸福感的自然心理機

制，例如思考風格。生活條件，例如收入、地理環境的偶然事件都會引起研究者的注意，但絕大多數屬於人類生活控制之外的事情。最後，個人的選擇，例如目標、情緒反應以及我們選擇注意的事件也會影響快樂，並且包含在我們選擇與控制的能力中。因為對教練服務而言，在這些快樂成分中個人選擇因素最具相關性，我們會在下面兩章詳細討論這個主題。

六、快樂感的歷程

假設個人選擇與生活環境是組成快樂的家具，快樂的心理歷程就是建築物、是人居住的房子。有些教練會把這些歷程看成——演化、認知習慣、遺傳——個案超過個人控制的恆久特徵。某種程度上來說，如果生物學決定我們感到快樂的多寡，這些教練則推測生物因素的影響並不大。事實上，在我們的經驗中，有部分教練會想在快樂的途中倉促加入了個人選擇、目標、自願因素。我們鼓勵你稍事停留在這些歷程中，因為它們有趣又重要，可以為你的個案提供教育素材。

SWB 的研究顯示，事實上大部分的人是「快樂的」[23]。這聽起來可能令人很驚訝，是的，大部分的人是快樂的。在這裡包含了你在市中心三明治店裡工作的朋友、你在佛羅里達的阿姨，以及，很幸運的包含你自己。不同團體的廣大樣本、不同的方法學、甚至針對快樂感的不同測量方式，所有一切都指向這個結論：很多人在多數時候都處於溫和適切的快樂中。這個發現經常震驚大眾。因為人很容易在心中惦記面臨棘手時刻的朋友、經歷離婚痛苦的家人、或是工作上的掙扎。當我們感到擔憂或難過時，回憶起這些時刻是很簡單的事情。然後，也許你會問，這些為數眾多的快樂人在哪裡。

43

面對研究結果很自然會想知道世界上所有社會不公義、個人挫折、健康問題、貧窮、失敗等方面的情緒作用。高比例的憂鬱、自殺和焦慮感又怎麼說呢？當每一項都成為不容爭辯的嚴重議題時，研究顯示多數人真的是快樂的。依據 SWB 的定義，要記住快樂不是指長期的喜樂、強烈的正向感、對每個生活領域完全滿意、或對免除艱困生活有著情緒涅槃的固定狀態。反之，研究指出，人只不過有時比我們所相信的較為熱心而且比較有情緒的復原力。這個發現適用於前工業時代部落文明 [24] 到富比世（Forbes）名列美國富豪的多元樣本團體 [25]。不論是自我陳述、調查、記憶測量、同儕報告，或線上抽樣有快樂傾向的人，都是在這領域中最容易被複製的研究發現。如果我們在英國詢問與快樂有關的問題、如果我們使用快樂感的本土概念及字眼，或如果我們使用不同的快樂感的定義時，這項發現竟然也同樣適用 [26]。我們要邀請你為自己隨機選擇十位大家庭的成員、十個朋友、十名同事來系統性測試這個構想。寫下他們名字並且問你自己，其中總共有多少人擁有一般性的快樂。有多少人普遍來說是正向大於負向、對生活許多領域感到滿意呢？假使當你思考這些人的時候，你可以衡量一下他們的負向心情及正向經驗總和位在量表兩端點的什麼位置上。

我們不是要低估社會疾病或爭辯多數人因順利過活而沒有遭受痛苦。當然不是如此。只是人被創造以來，以革命性的說詞而言是會注意潛在傷害或威脅事件的。正是因為這樣，人類很容易就回憶具決定性的過往失敗事件。因此，過度懷疑多數人是快樂的，會使注意力出錯，結果許多人就會忽略生活中正向的例子。為了保持正向心理學的心態，我們詮釋這些結果當作人其實比我們相信的更具韌性的證據。這項多數人是快樂的研究發現認為人會用激勵人心這個層次的韌性，讓自己適應並克服個人困難。甚至在面對暴力、疾

病、社會違常時，多數人能克服壓力、發現意義、並找出樂在其中的經驗與人際關係。

研究發現，多數人是快樂的，這一點要如何應用在你和個案身上呢？你會如何使用這項資訊？焦慮的個案聽到這種事情，可能會有什麼反應呢？亞伯拉罕・馬斯洛研究「高峰經驗」——這些心滿意足、全心投入與強烈的情感湧現的時刻——他探索與受訪者相關的有趣方法可以用在這裡。許多人對馬斯洛談到的高峰經驗，特別是靈性經驗，是感到陌生的、無關連的、無法達到的。馬斯洛很快地向他們舉出經歷過的高峰、靈性或其他經驗作為例子來反敗為勝[27]。在很多案例中，研究參與者只需要有字眼來描述經驗或需要工具來鑑定經驗。和這點很類似的是，在和個案工作時能舉出生活許多快樂的例子作為說明，這會是一項很重要的教育工具。藉由協助個案覺察過去或現在的成功，不同生活領域可以閃耀著成長與令人興奮的事，藉此改變對快樂的刻板印象及期待。在所有可能性中，很少個案（如果有的話）沒經歷過精通技巧、克服挑戰、享受活動、幫助陌生人、愛與被愛、達成目標、夢想更好的未來、對藝術或大自然感到敬畏、天真地記得童年、與朋友一起大笑、贏得獎項、想到新點子或是學習新事物。也許個案談論這些事情多寡程度會因人而異，或者回憶這些高峰時刻的難易程度不同，但是素材就已經在那裡了。這些快樂的經驗對個案來說太豐富了，使他們無法接受許多成功都帶有這項情緒。

當你思考普遍存在的快樂時，有個點子是很有意思的。關係、家庭、組織、機構、社會都依賴快樂的人有效地行使功能，快樂的人傾向有更多精神、健康及動力。例如，當我們感覺很好時，我們會想要向伴侶求婚；當我們心情愉快並且投入時，我們在工作上更努力；當我們心情很好時，我們會開玩笑並且有創造力。反之，一

個完全由憂鬱的人居住的世界幾乎是無法運作的，就像我們生活的世界一樣。憂鬱是逐漸消耗精力的方式，也會使人悲觀、淒涼地看待世界。

為什麼會這樣呢？許多研究者認為，人類演化成讓自己能適時感覺到頻率適中的快樂。面對不確定的世界時，我們對勢不可遏的環境控制有限。到目前為止，我們蒐集的歷史認為人類經歷長時間擔任探險家、狩獵者，從事其他需要樂觀看法的活動。這個想法的證據來自芝加哥大學研究者約翰·卡緒柏（John Cacioppo）的實驗室研究[28]。卡緒柏使用精密的生物測量儀器就能測量與微笑、皺眉有關的臉部肌肉，也能調查人類對不同刺激的情緒反應。他向研究參與者顯示甜筒冰淇淋、石椅、被可怕的醫療處遇折磨的兒童等照片；然後評估人的生理反應。卡緒柏發現，一般來說，如果是正向的人會對中立的照片有反應。「正向的補償」（positivity offset）支持了在缺少能被辨識的危險（一隻熊、交通狀況、一隻鱷魚、一滴透明的水）下，人會傾向活躍、接近目標，並願意探索周遭環境。某種程度上來說，這是允許我們嘗試新餐廳、到國外度假、遇見新朋友、在工作中使用新想法、支持新習慣的心理機制。

> ◎重點❺ 快樂是有功能的。個人、家庭、組織與社會，都需要快樂的人來保持活力。快樂的人比較可能具有好奇心、勇於探索、冒險，以及尋求新關係。

平均來說，如果人會用正向補償來幫助自己達到成功，這就暗示了快樂感的演化角色。把情緒當作一項演化功能，就情緒本身來說並不是新鮮事了。事實上，達爾文在 1872 年出版名為《人類與動物的情緒表達》（*Expression of the Emotions in Man and*

Animals）的著作中，就已經檢視了流淚、愛、欣喜、恐懼以及許多情緒和情緒行為等本質[29]。達爾文的概念如此被大眾接受，以致在我們的思想中已經認可他的看法，歷久不衰。我們許多人在小學時被教導要恐懼以及「逃跑、迎戰、驚嚇」（flight, fight, fright）的反應。提醒那些可能荒廢了基礎科學的人：當我們在危險中，我們會感覺到恐懼。回過頭來，恐懼會限制我們對逃跑、消失、冷淡的回應。這一點對行動前必須先過濾一下有限的選擇是有幫助的。當一隻熊笨重地走向你的營地（就像本書另一位作者發生的事情一樣！）你能夠靜止不動、後退、或是不假思索地大叫，就很有幫助了。想像一下，如果人類的倖存，必須在採取行動前要思考二十或三十個選擇的話，那會怎樣。經過多年，達爾文的理論獲得認可，尤其也特別關注在憤怒與恐懼感。但是很少人認為快樂感也有重要的演化功能。

47

快樂與其他正向情緒結果證明，它們不只是情緒本身的目的而已，同時也是一項資源。北卡羅來納州立大學心理學家巴伯·弗雷得瑞克森（Barb Frederickson）也是正向心理學領袖，他發展出正向情緒的演化理論[30]。弗雷得瑞克森說，正向情緒的運作與負向情緒背道而馳。如果恐懼、憤怒、難過及擔憂會限制我們可能的行動選擇，那正向情緒則擴充了選擇。弗雷得瑞克森的「擴展與建立」（broaden and build）理論說明愛、欣喜、驕傲、熱情等感覺，有助於發展個人及社會資源[31]。心情好的人，比較有可能會去接觸別人、比較有創造力、比較有動力去磨練技巧。還有，我們談論的快樂情緒並不是重點。驕傲、熱情、欣喜、愛慕及快樂都會敦促人們去玩樂、聯想、探索與工作。

這一點對正向心理學教練服務是很重要的，我們也希望在此能強調一番。當快樂本身被當成是完美的目標時，人只會看到它賦予

48

的愉悅感，忽略了每天有適度的正向感對很多部分都有好處的事實。弗雷得瑞克森和她的同事說，快樂的人和不快樂的人比起來，較有創造力、比較會助人、比較善於交際、比較有活力[32]。好感覺帶來的社會、生理、心理益處是可以瞭解的，也導致所謂「笑開懷俱樂部」（laughing clubs）的流行。這個俱樂部起源於印度，現在已經散布世界各地，基本上就是一群人用痛快的笑聲開始迎接每一天早晨。參加這種集會的人增加了整天的精力、熱情、創造力。因此，快樂可以被視為是達到其他目標的極大資源，在教練服務會談中也是一項了不起的資源。很多訓練有素的教練在和個案進行腦力激盪時，會故意說出令人驚訝的想法作為介紹幽默的方式，因此為創造力設立了舞台。

最後，快樂是一個歷程而非終點。即使對那些認為達到目標是很重要的人來說，他們不只會想仰賴勝利的殊榮，也經常想要翱翔到更高處。隨著這個古老的目標，人會把眼界設定在新目標上。滿足感將伴隨著成就而來，良好的工作表現可能會獲得認知或情感上的回報。這份回報可以當作資源用在其他工作或新目標上。以這種方式來看，快樂不是一個要靠外力才能一再被裝滿的杯子，而是真正可以不斷靠自己就能回沖裝滿的神奇容器。

很多人會好奇，快樂感是指什麼程度的樂觀。也許你曾想過，多數快樂的人擁有的感覺能力有某種上限，或者正向態度的維持會有一條時間長短的界線。也許你可以問問自己，如果可以達到目標、感覺到滿足，然後有機會在未來下一個目標裡再次感到滿足，這樣你覺得怎麼樣？如果每一項個人的新成功都附帶了快樂，這就表示我們的快樂程度或多或少會在生命全程中持續攀升。如果沒有發生負向事件拖累著我們退步的話，我們膨脹的情緒會達到情緒的

最頂層。快樂像一顆變大時會持續不斷膨脹的氣球嗎？它有爆破點嗎？

很幸運的是，人類有自然的適應調整機制能防止這種情況發生。就像身體有流汗的調節歷程，允許我們在運動後「降溫」（cool down），所以我們也會藉由回歸到個人感覺基準來調整情緒。雖然人天生的情緒觸發點有些微不同，但多數人是處於適切的正向範圍中的[33]。如果你想像一下，有一個 1 分到 10 分的快樂量表，則多數人平均會落在 6 分、7 分或 8 分的範圍中。適應力是有趣而重要的，但在快樂感的層面上卻最少被討論到。雖然我們的自然情緒會隨著成功或失敗而有高低起伏，但是研究顯示，我們會相當快速地調整回到適切愉悅的「靜止情緒狀態」[34]。加薪、升遷、新婚、新生兒都是能提升情緒的代表事件，但是過了幾個星期或幾個月之後，一旦我們適應了新的角色——不論是成為妻子、父親或主管——就會忘記變動帶來的短暫狂喜。密西根州立大學心理學家李奇‧路卡斯（Rich Lucas）表示，雖然適應力有個別差異，但是很多人可以適應大範圍的新情境，包括離婚[35]和失業[36]這種不愉快的遭遇在內。然而適應一段時間後，自己有時候會比別人更能適應困難。最後證明人有不同的韌性，能用自己的能力從生活艱困中恢復過來。

有些教練在適應力的研究發現上卻得到了壞消息。乍看之下，適應力似乎被認為有情緒最高限度，幾乎沒有超越限度的可能。最糟的是，適應的自然歷程會對教練服務的不同效果產生懷疑。如果人最後只想回到早先的情緒程度，那我們為什麼要一起努力得到收穫及成長呢？適應力對快樂極為重要是有幾項理由的：第一，適應力對情緒而言是施展魔法的機會。情緒是告訴我們事情如何發展的

49

信號。例如，專心工作讓我們知道工作具有挑戰性及滿足感。感情關係中的恐懼感暗示在關係裡出現問題、權力變動、不健康的溝通方式等等。適應力是一種情緒溫度計，表示我們有空間測量新的成功與失敗。例如去年的假期可能很美好，但是為了讓今年假期也可以很愉快，所以必須要先掃除一下去年強烈的情緒才行。這裡隱含一個相關訊息就是適應力也表示滿足並不是問題。也就是說，滿足感未必會讓你或個案感到沒有動力，因為總是有機會成長的。工作上的成功普遍會帶來滿足感的刺激，但是感覺會漸漸消沉，滿足感經常會在你開始面對工作上令人興奮的新挑戰時及時出現。研究顯示我們會沉迷在成就感之中，在此向你保證，隨後我們將會飢渴地想要獲得更多成就。

第二個理由是適應力非常重要，適應歷程的知識會幫助我們為自己設定實際的情緒期望。適應力認為我們不能長時間都處在心情愉快的高峰。追求這種極端情緒高峰的個案，或是期望經歷的情緒永遠不要消失的人，都會因此為自己設定了一股失望感。不論是個案緊握著童年快樂的粉紅色幻想不放、想要緊握勝利的興奮感或希望出現永恆不變的戀情，對快樂有這種僵化極端的看法都會導致令人痛苦的失望。我們要知道快樂感與滿足感是要頻繁且適度的，而不是固定又強烈的，這會幫助你和個案感謝已經體會到的快樂，也能避免掉進尋找好萊塢式完美結局的陷阱中。在教練服務實務中使用這個理想的快樂感概念時，一般來說個案再次體驗到的不會是失望感，而是瞭解在滿分 10 分的快樂量表上達到 8 分時，基本上那就是完美的分數了。事實上，一旦知道有理想的快樂感存在，那就表示個案遠離了情緒陷阱、再次保證他們正在經歷應該體驗的生活、釋放了自我而能聚焦在其他目標上。

最後，適應力是很重要的，因為它提供一項有幫助的訊息：人 51 因為很頑固，所以能克服生活中的障礙與意想不到的困難。對於那些害怕適應力會不當地把人從熟悉的情緒高峰拉下來的人來說，最重要的是要記住自然機制會使我們在對抗不幸的低潮時形成緩衝。我們只有從偶爾的情緒高漲中適應情緒衰微，也才能真的從偶爾的失敗與逆境中恢復過來。失業、失去配偶、銷售失敗、失去升遷機會一時之間會刺痛我們的心，但是 SWB 研究顯示，人會復原得非常好而使別人感到不可思議[37]。所以要知道並且相信你的適應能力──甚至在面對困難或不幸的環境時──可以經常幫助人忍受風險、面對不確定感、重新獲得有效發揮功能時需要的樂觀。想想你認識的人曾用某種方式面對困境。想想經歷離婚的家人或是和健康問題纏鬥的朋友就知道了。雖然不用懷疑這些經驗的困難度，但是多數人會隨著時間調整，為自己打造一個嶄新而有意義的生活。研究顯示普遍的適應力提供一項證據，它的意義在於，適應力確實是一種天生的努力。簡單說，這就是我們想追求的。

> **重點❻** 人會從好事與壞事兩方面調回到適切愉悅的心情。這意味著我們不會期望每一刻都處在強烈的快樂中，我們應該期望能從艱難與困苦中復原。

另一個有趣的快樂歷程是「快樂感時間線」（happiness timeline）的概念。多數人想到快樂時會大量用相同的方式去思考，這就是丹尼爾·高尼爾在「客觀的快樂感」理論中提出的，認為人類每一刻都可以感受到快樂[38]。對多數人而言，快樂是一種在此時此刻感到非常充實的情緒。事實上，快樂可以被當成一種 52

溫度計,能用來評估生活現況有多好。另一方面,滿足感是人想維持幸福感的典型思考方式。滿足感是超越此刻而加以延伸的一種感受。SWB 的研究顯示這兩個概念用罕見的方式聯結在一塊。結果證明,我們回憶一件事情的快樂程度對決策相當重要,不用管這個記憶是否真實。北亞利桑那州立大學心理學家德瑞克・渥茲(Derrick Wirtz)主持一項很有趣的研究[39],他要求受試學生預測即將來臨的春假期間會有多快樂。然後,他在放假期間用個人電腦把這些要求寄出去,蒐集學生一整個星期的心情資料。最後他在學生返校幾週後,要學生回想在春假期間有多快樂,也詢問他們未來是否會想再次去旅行。一般的常識會告訴我們,春假旅行的快樂應該會決定再次旅行的渴望。如果假期很令人厭煩,你可能會想改去別的地方。如果假期很美好,你可能就會想再嘗試一次。很有趣的是,學生對春假將會多麼有趣愉快的期待會影響他們回憶這些經驗,甚至會因此高估放假期間真正經驗到的感覺。

　　快樂感時間線(圖 2.1)很明顯不是一種模糊的學術興趣或是單一項聰明的研究例子。想想看,期望與回憶的方式可以在教練服

53

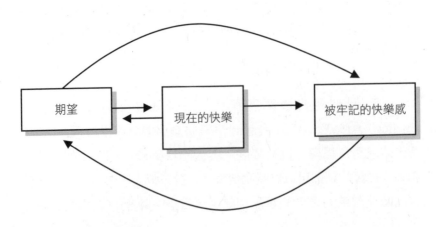

❖ 圖 2.1　快樂感時間線

務實實務中如何幫助你。你可能會處理對未來做決定感到很掙扎的個案。要求他們預測一下未來情境中的情緒、要求他們從過去類似的情境中回憶感覺，都已經被證實是有幫助的。

七、視情況而定的快樂

對教練來說，最值錢的問題就是要知道怎樣才能得到快樂，這就像在快樂感的內部有裝置發條一樣有趣。如果我們可以送給個案欣喜、成就、滿足等感覺，我們就能在實現個人及專業任務之路暢行無阻。對我們來說，快樂是如此難以理解、如此崇高的神祕概念或像是一把開鎖的鑰匙，這似乎是非常自然的事。問問你身邊的人「什麼會讓人感到快樂？」你可能會得到很多不同的答案以及很堅持的觀點。自助書籍、現代精神導師、傳統信仰、滿分雜誌與古代哲學家衡量這個問題時，每個人都建議了一條通往情緒優質生活的途徑。有些人贊成從物質享受中可以發現快樂，其他人則認為要在自我犧牲及志願服務精神中尋找快樂。比起希望得到快樂感的獨家「祕訣」來說，伊利諾大學的教授艾德・戴納倒比較喜歡談論「快樂感的食譜」[40]。就這點來說，戴納的意思是快樂感存在幾項關鍵的成分和其他次要的成分。為了配合這個烹飪的譬喻，有一些是主要食材、有一些對所有人的快樂是必要的食材，其他食材則是會根據人們口味而有所不同的調味料。有些食材對每個人的快樂是必要的，例如天生就外向愉悅的基因染色體。其他的成分是根據個人喜好來調味的（想想一個熱愛勞動的家庭主婦與一個熱愛工作的職業婦女）。因此快樂被很多事情引發，有些是普遍重要的事、有些則依賴個人價值而定；有些可以對整盤快樂餐帶來很大的貢獻、有些重要性則沒有這麼大。

52

53

54

那麼，對一盤美味的快樂餐來說什麼才是必要的烹調原料呢？為了回答這個問題，注意這個世界、思考能帶來令人欣喜的事物就很有意義。傳統上針對個人的快樂感，研究快樂感的人和一般外行人會認為環境是影響快樂感的潛在因素。富裕或貧窮會如何影響快樂？一個接受良好教育的人會比較快樂嗎？年紀大的人會快樂嗎？這些合乎常理的問題暗示著一個根本的信念是追尋快樂需要改變環境。很多人會認為加薪、搬離都市或換一所新學校最後會解決問題並提供持久的喜樂。不用懷疑，其實你知道有更好的答案。你知道失敗與成功會發生在每個人身上，而不管收入程度或是地理位置為何。生活環境對整體快樂感會有影響。很多人口統計因素的研究顯示收入、宗教信仰、人格都會影響 SWB[41]。

第一，人有快樂感的基因染色體。就像憂鬱及其他情感違常傾向的家族共有的情形一樣，天生的人格看起來好像與快樂有些連結。SWB 的早期研究顯示，個性外向的人一般會比較快樂，長期杞人憂天的人會比較不快樂。但是實際上我們怎麼知道這是因為天生的因素使然？明尼蘇達大學心理學家大衛·利肯（David Lykken）和同事主持一系列非常有雄心壯志的研究，他們從上百對一起長大或分開扶養的同卵與異卵雙胞胎身上蒐集快樂感資料[42]。當研究者把父母各自打的快樂感分數、異卵雙胞胎彼此打的分數、同卵雙胞胎各自打的分數拿來互相比較時，發現快樂感有明顯的趨勢。父母各自報告的快樂分數和異卵雙胞胎各自的分數相比較時出現明顯低相關性，輪到和同卵雙胞胎各自的結果相比較時也是一樣。雖然這種生物學的研究對快樂有極大的貢獻（想想基因在快樂感上占有一半的影響變項），但是我們的基因不是宣判情緒破滅的原因。個人的快樂大部分和有意圖的活動、生活中的生理及社會環境、我們對生存的世界賦予意義的方式有關。

最後，快樂不只是情緒上的偶像崇拜或短暫的愉悅。快樂對你的健康、心理幸福感與社會功能都兼具了目標與資源的基本重要性。快樂是值得精確瞭解的，因為它是如此有幫助而且是有可能得到的。雖然多數人不習慣去思考情緒，尤其是快樂感，但是作為職場表現或成功的關鍵來說，這實際上是最重要卻被忽略的個人資源。身為一位教練，你可以用個案能接受與瞭解的語言向他們介紹這些概念，指出生活中哪些部分能受個人控制、哪些會促進幸福感。

正向心理學教練的行動步驟

56

1. 思考一下可以用到快樂感研究的教練服務情境類型。「快樂是一項資源」的理論如何應用到個案「卡住」的問題上？在和公司體系與行政管理者合作時，要如何設定「快樂是什麼」的實際經驗呢？要如何把適應力的資訊應用到面臨決策或轉變困難的個案身上呢？

2. 思考一下在實務工作中要如何使用評量快樂感的方法。你會把它放在歡迎個案的配套措施中嗎？你希望個案在可行的時間裡填寫調查表，或是想在會談期間花一些時間做這件事呢？

3. 思考一下你要如何和個案討論快樂感。你對一位行政主管或在一個組織體系中討論快樂時，可能會用什麼語言呢？對於想把焦點放在工作或人際方面的個案，你會如何向他們介紹快樂感的概念？快樂和這些議題有什麼關聯？想一想，列出一份清單說明個案評估快樂後會得到什麼特別的好處。

57 **延伸閱讀**

1. Klein, S. (2002). *The science of happiness: How our brains make us happy—and what we can do to get happier.* New York: Marlowe.
這本書介紹了快樂感的生物學及神經學基礎。

2. Lykken, D. (1999). *Happiness: The nature and nurture of joy and contentment.* New York: St. Marten's Griffin.
這本書特別注意快樂在基因方面的快樂感研究，是一份廣泛的回顧。

3. Myers, D. (1992). *The pursuit of happiness.* New York: Avon Books.
這本書從研究的觀點進行快樂感的廣泛回顧。

選擇快樂：目標、關係及正向思考

很多人聽到人格、情緒、學習是我們令人尊敬的基因遺傳產物時會感到不自在。好像在面對生活的意義感、個人的控制感、未來的希望感時，我們只不過是事先被程式化的機器、由基因決定命運的檔案而已。完美的基因藍圖就像阿德斯・哈克斯里（Aldous Huxley）所著的《勇敢新世界》（*Brave New World*）一樣是錯誤的烏托邦虛擬說法。雖然神經科學及影像技術的進展，教會我們對人類心智的驅動裝置瞭解更多，但是你很可能偏好的是對個人成就感到驕傲，而不是來自對複雜 DNA 構造的信任。簡單來說，天生註定的部分帶給我們不少生活樂趣；在個人能控制的生活之外減少天才、成功及個人夢想成為制式化的歷程。很多人喜歡不看未來，認為生物決定論似乎才是實際貼切的觀點，其實這是很危險的。再則，我們面臨龐大的研究證據——從同卵雙胞胎到毛茸茸的靈長類遠親的研究——認為個人特徵有很大的不同，包括外向、在教會進行志願服務、狩獵、調情、難過都有明顯基因成分。

在這個議題上，我們希望藉由指出會影響我們的生物藍圖為何、什麼不會受其影響來安慰讀者、同事、個案，這點在我們促進改變的能力上是一個重要的突破。不像試圖要把壁花變成社交花蝴蝶一樣——這是一個與基因有關的困境——教練與其他改變機構獨

到之處是廣泛的將焦點放在個人能控制的個別領域及心理學上。進一步來說，你可能再三保證已經很熟悉基因對人格影響的研究，且發現大部分影響人格——至少有一半——是生物學以外的因素所決定[1]。這就是快樂感特別關注的真實性。好消息是，雖然生活環境與根本基因藍圖衝擊人的快樂感，但是個人自我實現也能是人類的選擇之一。人類的選擇在改變機構中流通。很諷刺的是，一般來說個人控制感遭受社會科學家尤其是快樂方面的研究者某種程度的忽略，直到最近才有改善。早期研究者對人口統計學變項很感興趣，例如年齡與性別——完全在個人控制的範圍之外——對情緒幸福感的影響[2]。只有在過去五年裡，正向心理學家才開始把志願活動和個人選擇當成豐富的領域，檢視可行的快樂感處遇方法。加州大學的快樂感研究者桑賈‧路柏莫斯基提出一項理論：如果情緒幸福感大約有一半取決於基因，10% 是經濟地位、種族、性別等生活環境的結果，那麼 40% 就取決於個人的控制[3]。我們希望注意正向心理學處遇方法與改變技術是很有價值的事。經過考驗的快樂感處遇方法很明顯是有影響力的，這點會在下一章裡詳細討論。

61

　　研究顯示生活中許多部分對快樂都非常重要，每一項都在個人的控制中，這些部分是指：目標[4]、社會關係[5]、認知習慣[6]。選擇正確的消遣、與值得的對象接觸、發展正向快樂的思考策略，都可以擴大擁有理想生活的能力。但是要小心有些目標、有些錯誤的朋友、不健康的思想與悲觀主義都會使你出現掙扎的情緒。簡單來說，你可以藉由聰明的選擇來證實自己的快樂感。時間與目標、關係、正向思考都已經顯示對個人自我實現與良好生活有重要貢獻。

　　如果你想要讓個案的生活有所不同，希望他們能朝更具生產力、更滿足的生活進行穩定的改變，瞭解快樂的元素是由個人控制所支持的，將是一個可以開始著手的好地方。如果基因碼是生活的

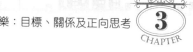

磚塊與水泥，那麼目標、關係、思考習慣就是大門、窗戶、電梯以及其他可以隨心所欲移動調整的家具。你的個案可能不容易克服對細節、活力的程度或社會敏感度的注意，但他們必定有力量去控制慾望、互動與思想。事實上多數人在設定目標、參與關係、注意想法方面，已經有很多容易辨識的成功經驗了。這個幸運的交集——過去的成功、個人控制、快樂感的重要性——使這三個變項非常有價值，要花些時間深入瞭解它們才行。

一、目標

你還記得小時候會思考長大後想要成為什麼人嗎？什麼職業會吸引你？你想成為消防隊員？學校老師？電影明星？還是空軍軍官？不論你的答案是什麼，對許多人來說，成人工作的特殊類型就是賦予目標動力的第一個暗示。也許是未來結果的願景滿足了白日夢使你在大學通宵熬夜還能保持清醒，或是在你有麻煩時幫助你不屈不撓。目標——不論是職業、婚姻、關係或個人方面——都是自然的生活動力。進一步來說，很多正向心理學研究者發現追求目標與快樂之間的關聯[7]。

教練本來就強調要風雨無阻地追求目標，很難想像有什麼新觀點可以用來討論它們。多數人至少對目標的重要性都有直覺的領悟力：目標對人來說是重要的，因為它幫助人組織生活以滿足重要的存在感、社會、個人和心理需求。還有，目標對教練服務的努力是很重要的，因為目標為我們的工作提供了方向、為評估服務的效果提供了基準。個人的目標是我們會想努力得到的吸引人的未來成果，這就是教練服務的聖杯。可能是因為個案會熱愛朝著目標而努力，並且可以理解驅動他們向前的力量。同樣的，經驗豐富的

62

教練會大量注意目標、為個別會談建立目標、協助個案清楚表達目標、引導建構願景的練習，在個案設定長期目標時能回到當下（present）來工作。教練服務的專業，有極大的程度要順著設定目標並且以此為理由來進行。目標兼具功能性與重要性。目標提供我們方向；激勵我們；組織我們的時間、行動與決定。朝向目標而努力會帶給我們意義感，達成目標則會帶來成就感。個人的抱負是衡量的標準，我們可以標示方向並且測量成功。簡單來說，目標是很酷的。

在 2005 年歲末之際，倫敦舉辦一場教練服務心理學的正式會議，雪梨大學教練訓練單位（Coach Training Unit）講師麥可·卡文納（Michael Cavanaugh）博士在當時做出非正式的提醒評論。他說「身為教練，我們容易倉促地結束對目標的討論」[8]。卡文納的聲明是令人好奇又具煽動性的。這意味著什麼呢？是在說卡文納是一個專業上的異教徒、抨擊許多教練長久以來支持的目標取向嗎？還是說他認為我們身為教練卻忽略了其他的追尋與結果？我們相信卡文納是在聰明地暗示說，目標太重要而不能被千篇一律的流行所威脅。他也許認為身為教練的我們有義務要對個案花時間豐厚目標、瞭解讓目標如此有價值的心理機制。也許肺炎這種疾病的字母縮寫，對多數教練而言是很熟悉且有明顯價值的，但在本章裡我們希望挑戰教練去深化目標為什麼有用以及如何有用的瞭解。

很多教練在協助個案設定良好目標條件時，會用 SMART 字母縮寫來工作。個別字母分別代表特殊的、可測量的、可達成的、實際的、有時限的。經驗豐富的教練會鼓勵個案表達含有這些標誌特徵的目標，為成功設定階段並且能測量之。藉由訂出目標的特殊性，我們比較能瞭解達成指標的進步。一個職員試著「當一個好的

業務員」，比另一個員工試著「在這個月要開發四個客戶」還要難測量是否成功。同樣的，把個案的視線設定在微小的、可達成的、實際的目標上，她就會對能順利產生結果的機會保持樂觀的態度。藉由發展可測量和有時限的目標，個案與教練會對目標的進步比較有意識，所以可以評估個案提早出現的衝勁。

　　雖然 SMART 準則為設定目標提供了絕佳的基礎，但是它常常只是教練的指南針標示出目標設定的流向。SMART 取向可以說明教練在做什麼，但沒有鼓勵他們思考為什麼在這個方式中繼續進行，以及這是否為個案成長的最佳途徑。針對目標以及它們與快樂所做的相關研究提供對目標的複雜圖像，也提供能讓教練改進實務工作的新洞察。用目標為我們的生活創造意義會很有用，目標提供我們對成就的測量標準、協助我們組織時間並且把活動按優先順序排好。就像目標有清楚的功能一樣，所有目標在建立時並不一定都是公平的。如同 SMART 取向的論點，審慎的目標——微小又可達成的——比較可能實現，讓我們免於沮喪。基於這個理由，一個決定從政的年輕人，藉由設定願景、至少要在短期內贏得進入地方政府辦公室例如縣市資產管理文書的職位，然後希望成為美國參議員這個在統計上很稀有的位置，這樣比較可能發現成功跟快樂。身為教練，建立「可達成的」、「實際的」特色的目標是很麻煩的。我們的工作有一部分是在鼓勵個人的卓越，藉此協助個案突破自我欺騙的限制。如果我們把「可達成的」指標門檻設得太低，我們從個案潛能的背後來支撐他們時會很危險。對「實際的」指標測量太過保守時，我們的個案很難在當地學校的榮譽榜上贏得一個名額。如果把門檻設得太高，個案會真的遭遇風險，也要冒著變沮喪、對自我價值與能力變得不確定的危險。

64

那麼要如何決定「好目標」的結構呢？我們要如何分辨什麼才是值得去追求的呢？心理學研究對這個問題提供了一些令人信服的答案。例如心理學家艾德・戴納與法蘭克・傅居塔（Frank Fujita）認為我們應該去判斷個人（在此指的是個案）的資源[9]。在個人資源的研究中——範圍從影響力的連結到健康、公共演說能力、家人的支持——研究者發現個人資源與個人目標非常相關，這也是滿足感的最佳預測指標。例如想要獲得終身職的年輕教授，即使突然意外繼承遺產或擁有第二種語言能力，都比不上公開演講能力與家人的支持來得有幫助。因此，為了使設定目標可以評估現實性與可達成性，我們要做的就是製作一份個案資源清單，和個案一起來評估手邊的目標多麼具有意義。針對目標的研究發現，使用這種方式的時候，正向心理學文獻可以扮演 SMART 取向的有利助手。

> 💡祕訣❶ 教練與個案可以利用評估個案的資源、決定手邊目標的重要程度來測量目標是否實際。

每個人都有一組個人目標，有些很小有些很大、有些是私人的有些是公共的、有些是短期的而其他是長期的。理論上，我們有很多目標看起來都十分相像。多數人會被工作上的成功、追求享受的休閒活動、成功的關係所吸引。很多人也會同意即使準時開會、把衣服從乾洗店拿回來、週末時抽空帶小孩到公園玩都被評為是小目標，卻也是很重要的目標。在這裡，以目標的內容來說，很多人會以 SMART 系統為焦點和基礎。然而，針對這個主題的研究告訴我們，有比較多研究以目標為主題而不是以常識為主題。

（一）目標定位

「目標定位」（goal orientation）指的是個人思考與談論目標的方式。目標定位受到最多研究的支持，認為人努力朝向正向目標、極力避離負向目標，對快樂感的程度是很重要的。這個二分法一般是指「趨前」與「避離」目標兩種而言[10]。趨前的目標是人努力後會有正向結果，就像「花更多時間在孩子身上」、「暑假要跑十公里」或「春季執行新的情緒智商領導力訓練方案」。相反的，避離的目標是人想極力避免或預防發生的負向結果，包括「試著不要這麼孤單」、「今年冬天要避免變胖」、「在工作中要減少人際不合」。與避離目標有關的研究證據顯示，避離會增加苦惱及焦慮、減少快樂程度、降低社會滿意度以及對健康有不好的影響。

我們有時候會用父母在院子裡看著孩子玩耍的比喻來解釋趨前與避離。趨前型的父母會允許孩子爬樹，因為他們會評估孩子探索、平衡、生理優勢或刺激的程度。相反地，避離型的父母會叫孩子不要爬樹，因為孩子有可能會受傷，父母重視的是安全與健康。兩種類型的父母都有自己一套價值觀，雙方各有支持自己決定的好理由。趨前型的父母會讓孩子冒一點受傷的危險，避離型的父母會避免孩子受傷、依經驗來保護孩子。避離型稍微用更負向的方式來看世界，會暗指環境在某方面是有敵意或有害的。身為教練，我們可以聽出與趨前、避離有關的語言，可以用詢問個案問題的方式鼓勵他們把負向的逃避目標重新框架成為正向目標。目標定位或多或少都是我們會接觸且在乎的事。加州大學心理學家羅伯特·艾蒙斯（Robert Emmons）表示，平均來說介於 10% 到 20% 之間的目標都是避離型的目標[11]。因此，目標定位用在處理一些慣於負向思考的

人時未必是重要的事情，但是這對教練在與其他廣泛多元的個案在一起工作時卻是肥沃之地。

當你和個案在工作時，為了目標定位與內容而專注傾聽，也許是有用的。聽懂個案的定位傾向，依此和個案一起打造目標會增加他們發現滿足感的機會。此外特別針對避離型目標設計一些重要問題，能帶出重要洞察及可行的重新框架策略。例如，如果服務一位對於要在團隊中做簡報感到焦慮的個案，你會引導她注意她想要的正向結果，例如事先知會工作團隊，而不去特別注意她想避免出現困窘感這種負向目標。

> ◎重點❶ 趨前型的目標能促進幸福感，而避離型的目標則會減損快樂。

（二）目標的具體內容

正向心理學研究另一項令人驚訝的發現是在特殊的目標內容方面。結果證明某種目標會造成快樂感消逝殆盡。羅伯特・艾蒙斯過去二十年花了很多時間研究人類的奮鬥史[12]。艾蒙斯與同事發展出把目標內容編碼成十二項主題領域的系統，研究顯示目標的主題與親密感（例如「試著成為好的傾聽者」）、靈性（例如「感激上帝的創造」）、生產力（例如「成為一位好的角色典範」）都和快樂感有正向關聯，這些目標攸關權力時（例如「說服別人認為我是對的」）則真的會挑戰人的快樂感。這項發現對教練在幫助個案設定目標時呈現一項有趣的挑戰：當我們知道個案以權力主題作為目標，這一點可能會造成長期關係中的問題而且終究會導致不滿意時，我們要如何處理個案呢？針對這個膠著的問題有一條可行的解決途徑，就是邀請個案同意一起分享這個研究發現。我們認為用不

論斷的方式分享把權力當成目標會有好處及壞處的研究發現，就可以提供具生產力的對話。當教練要告誡個案可能出現的危險性時使用這個方式，這些教練就受到鼓勵要看到目標的正向部分。

> ◎**重點❷** 某些像是和親密感、靈性、生產力有關的目標能帶來快樂，但其他攸關權力的目標則否。

（三）追求目標的動機

　　根據艾蒙斯與其他正向心理學研究者的說法，檢視目標的另一個方法要依據「目標的動機」[13] 來進行。這些洞燭先機的科學家指出最後的成功不只是我們想要的是什麼，也包含我們**為什麼**會想要。激發我們買鮮奶、追求博士學位、或打十通掃興的電話給別人等慾望的力量，會大大影響我們對目標與結果的感受。因為這樣，我們願意誠實檢視每天的動機，範圍從強大到微小、從個人的強烈熱情到社會壓力等。有時候，我們感動得犧牲自己去幫助別人，有時候，我們會想爭個停車位好縮短到商店的路程。有時候，我們會拿起樂器來實現長久以來的個人願望，其他時候我們會買新手機，因為它在市面上正「熱門」。

　　研究者思考追求目標的動機屬於內在還是外在的[14]。內在性目標是既定的滿足，例如從事某種工作是因為具挑戰性、欣喜感、對社會有實際貢獻。外在性目標，另一方面來說就是為了某種外在籌賞而提供服務，例如工作是為了優渥的薪資。心理學家肯諾・雪登（Kennon Sheldon）與堤姆・卡瑟（Tim Kasser）主持的研究顯示，內在動機的目標與主觀幸福感的感覺有絕對相關[15]。這可能是因為受到比較高的評價、較高的個人報酬或提供成長與自主感覺的關

69 係。像是大眾化流行、外表吸引力、金錢等外在動機，就另一方面來看會發現它們經常伴隨著焦慮與人際議題出現。雪登與卡瑟提醒我們外在動機經常和帶來壓力的競爭與控制有關。

很不幸的是，我們並非生活在人人有特權或有足夠的洞察認為目標只要滿足基本需求的世界中。有很多不同的理由——社會與父母的期望、被誤導的假設、對未來生活品質的預期等——使我們有時候會追求外在動機的目標。事實上聲望、權力、好看的外表，至少對多數人而言是相當吸引人的結果。誰不想要有更多可以自由運用的收入、減輕一些體重、對其他人有影響力？還有，人比較不會把這些當作是結果，而是當作可以得到更多「真正想要的」東西的資源。問題是，人最後會藉著評估金錢、好看的外表和其他由外界驅動的目標，用這些表淺的目標來取代他們「真正想要」的東西。你可以用有生產力的方式和個案討論這個問題，鼓勵他們為了最後的結論去實踐「目標鏈」（goal chain）。也就是說，要使用會談去發現什麼是個案想要的最基本層次。什麼樣的服務看起來最好或是要花多少錢？協助個案清楚表達這些比較正向的目標，有時候會成為個人在建立成功或持續的滿足上的突破。

◎**重點❸** 以快樂感來說，為了滿足基本需求而選出來的目標，可能會比為了滿足其他需求選出的目標得到更大的報酬。

💡**祕訣❷** 外在目標通常會被當成能讓一個人達到想要結果的一項資源。與個案一起使用「目標鏈」，透過內在動機的目標檢視可以用來達到和外在目標相同結果的方法，這是可行的。

渥太華大學心理學家弗雷得瑞克・葛洛澤（Frederick
Grouzet）和他的團隊檢視跨文化目標的內容與動機，想要看看這
些崇高的心理學理論是否可以轉譯到真實世界中。在他們的研究
中，研究者從十五個文化、近兩千名的研究參與者裡分析了十一項
不同的目標類型[16]。這些研究者感興趣的是想瞭解人通常朝向什麼
結果而奮鬥，這些目標如何在心理層次被組織起來。很有意思的
是，弗雷得瑞克・葛洛澤和同事發現不只世界各地的人都朝同樣的
事物類型（健康、更有錢、和諧的家庭關係等等）而努力，他們主
要也用相同方式在心智上組織目標。圖 3.1 用人類思考目標的兩個

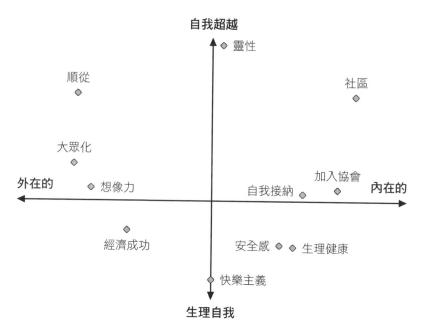

❖ 圖 3.1　所有樣本進行多向度評量分析產生的目標雙向軸線圖
資料來源："The Structure of Goal Contents across 15 Cultures," by F.R.
Grouzet, 2005, *Journal of Personality and Social Psychology*, 89 (5), p.808.

71　主要向度來說明：目標的內容與目標的動機。這個雙向軸線圖可以拿來和個案討論生活平衡、目標設定或描繪進步。

（四）目標間的衝突

　　因為目標天生就會和價值綁在一起，又因為人傾向持有很多昂貴的價值，一個人的目標有時候彼此間可能會不一致。一個認為當個好媽媽很有價值的女人，可能會把目標設定在為孩子念故事書、準備健康的餐點與參加當地遊戲團體。但是這個女人也可能把勝任一項職業、花時間和同事待在辦公室或思考專業計畫視為有價值。這兩組目標可能會相互抵觸。羅伯特・艾蒙斯與羅拉・金恩（Laura King）發現，目標間的衝突會和像頭痛、胃痛等壓力反應的身體病痛有關[17]。這點可能很貼近你們的自身經驗。當目標在一段時間的壓力、熬夜、可能會生病之間被折磨時，人會覺得不愉快。更令人沮喪的是，艾蒙斯與金恩發現目標衝突和目標產生的猶豫並不是由行動帶來的，比較多是因為想太多的緣故。這個簡單的觀點意味著目標衝突是特殊的心理毒藥，人會因為老是想著問題、忘記力行解決方法的情況下而死亡。

　　很多教練處理過猶豫和其他型式的目標衝突。最常見的是教練探索個案隱藏在目標下的價值觀、鼓勵個案畫出成本—效益圖表，或是使用成文的評估方法來引發個案前進的動力。和內在目標衝突搏鬥的個案覺得「膠著」（stuck）絕大部分是因為深化了習慣的痕跡與焦慮型思考。很多人以為他們可以想出脫離目標衝突的方法，卻反被這種信念陷阱抓住，想太多反而牽扯成問題的一部分了。正72　向心理學研究對目標間衝突的問題提出兩全其美的辦法：停止所有的思考，開始行動吧！在處理目標衝突的時候可以鼓勵個案從衝突中放一兩天假。只要沒有決策截止日已經逼近的影子，休息一天會

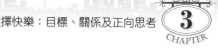

是一項容易做到的賣點。此外，看看你是否可以使個案保證從「壓力假期」（stress holiday）回來後會做些小小的行動，例如和有類似困境的人面談，或寫一段在完美世界中目標看起來會像什麼的評論。在我們身為教練的經驗中，協助個案把焦點從思考如何解決問題轉移到處理問題的行動上，就可以感覺到賦能（empowering）與附加努力的動力。

（五）目標產生的焦慮感

雖然有證據表示在我們的生活中目標對創造意義與結構是一股很重要的力量，但也有隱而未現的不利之處。很多教練對個案設定目標、做出承諾後感到恐慌的經驗覺得很熟悉。這種現象是心理學家伊娃‧波蒙倫茲（Eva Pomerantz）與同事提到的「目標投資的心理交易」[18]。波蒙倫茲表示，大量投資在目標上可以提升好的感覺也會創造出焦慮感。那麼，我們要如何處理這種對目標感覺很好或不好的雙重情緒標準呢？很幸運的是，波蒙倫茲與同事已經近距離看到焦慮在目標中的角色，他們的研究對教練提供有用的洞察。在兩份研究中（一份針對兒童，另一份針對成人）波蒙倫茲發現「能覺察到的成就」（perceived accomplishment），也就是說，邁向目標或實際達到目標的進步感會引發正向情緒，同時對免除焦慮也有幫助。其中一種焦慮是「預期失敗的衝擊」，認為沒有達到目標會心情大亂、產生焦慮，表示人在目標上投資愈多、他們愈可能成功。相反的，他們愈意識到目標會失敗就愈可能會出現焦慮。

身為教練，我們面臨實際上要鼓勵、有時候要勉強增加個案焦慮的建議。這對教練覺察自己的情緒偏見與學習是很重要的。你是那種希望個案對你感到滿意的人嗎？你能安然面對多大程度的焦慮或是其他負向情緒？某種程度來說伴隨目標而發生的焦慮是具有生

73

產力的,因為它對激勵人有幫助。事實上負向情緒是很自然的,而且把它當作成功或期望行為的動力與回饋會很有用。身為教練,當我們預期並接受本來就會伴隨目標出現的適度焦慮感,也許我們就已經盡最大努力了。

◎**重點④** 個案經歷到順著緊守目標而產生適度焦慮感時,這是很自然甚至會有幫助的。

　　身為教練,我們的服務經常以討論目標為主。我們協助個案明確表達可以承受並努力達到的目標,我們企圖維持他們的動機,當目標之間有衝突時我們協助他們順利度過這些棘手的時刻。對瞭解目標有著豐富經驗架構的教練來說——他們可以看到目標的功能、瞭解好目標的結構、覺察目標內容與動機的差異——可以對個案提供一系列邊界更寬廣的工具與服務。最後肯諾·雪登對健康的目標提供以下建議:要為享受目標而努力、要發展短期與長期兼具的目標、找出你最重視的目標、如果目標不可行時要考慮改變它、不要過度聚焦在流行或物質這種自我滿足的目標上[19]。雖然根據反省的結果表示,這些洞察似乎平淡無奇,但是因為它們太過容易而不會被忘記。它們重要到足以被貼在你家裡或辦公室裡,我們鼓勵你也要求個案這麼做。

74

二、社會關係

　　你與家人、朋友、同事的關係會大大影響你的快樂感。任何曾養育青少年或是記得自己青春期階段的人,可能會回憶起和一群激進分子混在一起的爭論與對話。就像父母直觀地認為社會連結很

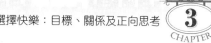

重要一樣，針對快樂的研究顯示好的關係對情緒健康是不可或缺的 [20]。這點在你的生活中會引起共鳴：你和配偶處不好的時刻、用忍受碰釘子的方式來支持朋友，對你可能都是很困難的。同樣的，家庭平安的福氣或工作上的同步都可能是快樂時光。

結果證明關係比只是跟某個人去看電影、性伴侶、有足夠的牌搭子來得更重要。人類有歸屬於群體、與他人互動、組成家庭的基本需求。在很多地方都可以看到關係很重要的證據，例如我們以家庭群體為主的親戚（黑猩猩）或在大群體中生活的親戚（狒狒）。同樣的，由哈里・哈洛（Harry Harlow）研究經典的「鐵絲網猴子」也是，威斯康辛大學的研究者把年幼的印度恆河猴和絨毛「母親」與鐵絲「母親」一起放在籠中，這研究顯示了身體接觸、情感、人際互動對繁衍來說是必要的 [21]。二者擇一，單獨監禁、驅逐、迴避，都是允許對違反社會行為者採用的激進社會制裁。像《制裁者》（*In the Belly of the Beast*）就是一位忍受隔離之苦的監禁者自白書，作者傑克・亨利・阿伯特（Jack Henry Abbott）在書中描述與他人切斷聯繫的不愉快經驗 [22]。

關係對快樂而言究竟有多重要呢？艾德・戴納與馬丁・賽利格曼研究一項在廣泛使用的快樂量表上評分為最高分與最低分來表示最快樂與最不快樂的人 [23]。研究者發現獨特又一致的因素——快樂的群體普遍擁有和不快樂的群體不同的特性——就是親近、信任的關係。為什麼關係會勝過快樂所關心的智力、收入、教育地位呢？人類是社會性動物，朋友、家人及感情伴侶可以給我們必要的安全感及歸屬感。這點是心理學家鮑梅斯特・羅依（Baumeister Roy）與馬克・利瑞（Mark Leary）回顧「歸屬的需求」研究後下的結論：「缺乏依附（attachment）會和各種健康、調適、幸福感等疾病影響有關」[24]。這點有助於我們在需求上即時依賴家人、為了娛樂

與支持重要事務而依賴朋友、被我們歸屬的群體接納。歸屬感提供允許我們冒險、注意工作重要性以及其他心理安全感。戴納及賽利格曼對快樂的人所做的研究認為，雖然好關係就本身而言不保證一定會快樂，但是對於想達到情緒的香格里拉境界卻缺乏好關係時，確實會是很困難的。

同樣的，本書作者之一（RBD）發現社會關係對快樂感有強大影響力，甚至對世界上最貧窮人民也是。有兩份研究讓拜司華斯—戴納（Biswas-Diener）與同事艾德·戴納檢視娼妓、遊民以及生活在加爾各答貧民窟的人他們的生活滿意度[25]。這些都是生活在不合格的條件、無法獲得適切的健康照護、衛生、職業，經常要為每天的飯食而乞討、找東西吃的人。研究者得到一些美好的結果：這些貧窮的人並不會炫耀、也不粗鄙。結果證明好的社會關係和家庭成員健康的連結，實際上能夠部分避開悲慘貧窮的心理作用。這一點和生活環境對個人滿足的重要性不如關係對個人選擇來得重要的概念是一致的。事實上拜司華斯—戴納與戴納發現，雖然研究參與者抱怨健康問題和收入太少，但是他們對社會關係卻很滿意。因為研究參與者生活在極端的條件下，所以研究顯示出維持正向社會連結的戲劇性力量。

雖然多數人很少被說服要投入在朋友與摯愛者身上，但是圍繞關係而生的普遍智慧有時候是錯的。基本上，人把友誼當成金錢一樣的日用品，因為「愈多愈好」的座右銘聽起來好像是真的。但是，超越某種觀點來看——一些比較低的友誼門檻——額外的朋友並不會像心理利益這般重要。用經濟學的詞彙來說這就叫做「邊際效益遞減」，表示一件事情出現愈多反而會降低生產力的效應。例如，擁有九位知心朋友，不會比擁有五段信任關係來得更有幫助。這是一項很重要的理解，因為這點暗示了我們把資源分配得多麼

好。友誼一旦與人際連結時，就需要偶爾用正向互動的形式來不斷的維持。但是一個人擁有愈多朋友與熟人時，他的時間和精力會因為電話、午餐約會、電子郵件、節日賀卡而大為分散。反過來說，多數人不需要尋求超出原有朋友數量的友誼。

社會關係的主題經常會在教練服務會談中一再出現。不論是個案抱怨老闆、尋找一位激勵人心的同事或試著平衡工作與家庭生活、社會重心，這都占每個人生活的大部分。你會如何為個案的利益關係正確使用正向心理學研究呢？很幸運的是有很多方法可以這麼做。討論關係的重要性、維持有行動力的角色以及邊際效益遞減的可能性等等，都是可以開始著手的好地方。此外，個案很可能忽略許多會帶給他們酬賞的關係：助人關係。當人幫助別人時──不論是志願貢獻時間、捐贈金錢給有價值的事業、開導一位學生──這種工作經常可以轉化成快樂的大收穫[26]。幫助他人可以使我們感覺很好，提升我們的價值感與能力。沒有什麼會比我們面對孩子的時候，更加清楚的了。對於會想一頭栽進工作裡（在其他時間不會這樣的）的個案來說，開創與孩子、家人的「專屬時光」（protected time）是很有幫助的。持續累積的研究量顯示唯物論者把生活舒適、金錢看得很重而失去了快樂[27]。事實上以心理層次來說，唯物論價值觀最具毒性的部分在於追求目標時，會偷走需要投入的時間、轉移追求其他事物的注意力，像是培養關係。

這點在辦公環境裡特別重要。密西根大學知名的組織心理學家珍·丟頓（Jane Dutton）描寫工作關係的力量[28]。丟頓提出一個有洞見的觀點說明組織的成功不只仰賴成員素質，也仰賴成員間互動的品質──不論他們是規勸委員會、工作團隊、上司與下屬關係或是公司伙伴。高品質的關係標榜了能處理小型衝突、具有韌性、開放、正向感（有朝氣或是振奮人心）、感覺到關係是彼此共有的。

我們都曾經歷過這一類的關係，也許是和研究所的伙伴、一名同事或是一位導師都算。高品質的關係可以促進個人價值感、創造力和靈感。這些個人的聯結會使我們對目前計畫保持熱情，激發我們發展新的計畫。

還有，高品質的連結未必是隨機出現的機會。個案的職場不只是充斥著好人或惡性依賴某種宇宙運轉力量的社會骰子。相反的，關係需要努力去發展與維持。透過和同事會面、連結，界定出可以提供社會適切的人，參與對雙方都有好處的關係都可以用來教練個案。協助個案把這種連結看成是從嶄新的觀點、學習新事物、接觸新技巧與才能、產生新點子中得到好處的機會，對激發個案投注活力在這些有價值的事業上，會很有幫助。

三、思考風格

也許，最能被多數研究接受的個人控制領域以及最能被廣泛注意的，就非正向思考莫屬了。幾十年來，臨床心理學將思考習慣當作處遇方法的肥沃之地。長久以來大量標榜能提升正向思考力的自助書籍汗牛充棟。樂觀思考的好處比流行一時的大眾心理學還要多；正向思考策略從設計良好的研究中獲得支持[29]。很多研究、治療案例與趣聞證據都指向同樣的結論：人可以學會「思考快樂」的習慣。

正向思考是看到杯子呈現半滿而非半空的心靈瑜珈。我們知道一致看待生活光明面的人，就像愛好自我挑剔的人一樣。事實上，一個人的心理觀點就是他已經學會用來解釋生活事件的心智習性。例如快樂的人有著為成功負責的傾向[30]。他們會喜愛成就。他們聽到好消息之後會說「我理應被升職」。另一方面，比較悲觀的人會

逃避為了成就而應該擔負的責任。「天啊，我手氣真的很背」。他們可能會沉思、把責任轉嫁到老闆或其他隨機的成功上。很幸運的是，認知學派治療師與其他「自我對話」（self-talk）的專家教導人如何採納與整合更正向的思考習慣，目前已經有令人印象深刻的收穫。因為這個主題在別處被廣泛地報導，我們在此不會深入討論。我們建議你看這一章最後的延伸閱讀。

　　儘管正向思考已被廣泛注意，這點對教練個案的工作會是有生產力的領域。晤談期間激發的沮喪、樂觀、興奮、抱怨都可以直接牽連到隱藏其中的思考歷程。很多人對成功與失敗的原因會做出潛意識的歸因。例如有一個人因為演電影大撈一筆，他會感謝團隊的支持、欣賞自己傑出的表演，或是注意怎樣才能演得更好。馬丁・賽利格曼主持認知思考風格的研究顯示人的思考習慣會有差異：有些人有健康、快樂的風格，有些人傾向會自我攻擊或老是想著負向事物[31]。我們在這裡處理四種常見的思考偏見，每一種都是可以控制的、也會影響情緒的健康：

1. **完美主義（Perfectionism）**：教練總是和追求完美的人一起翻山越嶺，這是職業風險。不論你是生活教練或是行政管理教練都可能會處理自發、工作認真、因進步而興奮、急於探索新點子的人。最後，教練服務驅動個案（至少在理想上）要對自我成長感興趣。然而，許多個案常會經歷這種高成就下的黑暗面：高標準。教練經常要處理那些把自己設定在專家、個人高門檻與期望成功的人。這樣的態度被激賞的同時，如果不容改變，就會產生不良後果。

   花些時間想一下，你服務過因為被完美主義的想法誘惑而屈服的個案。可能他在工作上會努力拿出最佳表現。也許他想要每

一次參加運動競賽都能得到最頂尖的紀錄。可能他會沿途因為無法逃避失敗或甚至居於次等位置而感到驚訝或受傷。追求完美的人把位居第二看作「不是第一」，而不會看作已經超越其他人。這種思考風格會導致在心智上自我挑剔、把心理傷害養大、發展出愛競爭的靈魂。提醒個案區分完美與卓越是很重要的。

每個人都想要成功，但只有完美主義者想要完美。在服務這類個案時，心裡要容許完美只是一種內在的評價標準，這樣才會有幫助。所以和個案一起探索一些其他可行的測量成功的方法可能會有用。參考過去的表現就是鼓勵個案和自我競爭的方法，不用和那些與個案保持正向關係的人競爭。用特定的例子清楚表達「卓越」的定義，這樣就會對成功形成清楚的標準。探索個案在抱負和成功機會間的差距時，要帶著兩者之間差距愈小、個案可能愈快樂的知識。

2. **痛苦忍受力（Distress tolerance）**：很多人認為自己是心理學鐵人。也就是說，我們會認為人能忍受失落或在艱困中不屈不撓。事實上關於「復原力」的研究顯示，人很驚訝自己擁有從困難中恢復的能力。更驚人的是，很多人低估了因應生活挫折的能力。雖然有時候要承認我們有「我無法面對」、「這對我來說已經難以負荷了」、或「我很害怕最後會垮掉」這種隱含訊息很困難。在一些例子中，這些害怕——很自然、也可以被理解——會使個案從危機中回頭、改變，或是從過去的失敗中站起來。

心理學家艾伯特·艾里斯（Albert Ellis）是認知治療始祖之一，因著他經常對個案表示堅定的立場而出名。當面臨離婚、工作評價不好、損失錢財或其他情緒困境時，個案會說他們不

能抵抗一直伴隨生活失敗而來的情緒痛苦[32]。每個案例總計隱含的自我對話有「我無法抵抗失落感、挫折、難過、困窘或失敗」。以充滿生命力和活力出名、現年九十三歲高齡的艾里斯不會讓他的個案這麼容易就僥倖逃避掉負向態度。艾里斯會問「你會發生什麼事？」、「你會死掉嗎？你會因為剩下的生命毫無補救的希望而難過嗎？你無法抵抗某種負面感受，這怎麼可能呢？」來挑戰個案自我打擊的態度。

雖然艾里斯的方法比較多是面質，個案不像教練服務工作感受這麼舒服，但是他所強調的訊息對你的個案來說是事實、對他來說也是事實。包括教練服務的個案在內都有個壞習慣是很想快速改變，讓自己有能力忍受失敗和跳脫困境。事實上如果可以篤定的說出實情，那就是個案在生活某處已經經歷到失敗，而且在那之後愈來愈嚴重。也許他們讀研究所時運氣很背或是在工作上遇到考驗。聰明的本錢就儲存在個案過去曾經克服難關卻被一時忽略的經驗中，也存在於強調失敗帶來的潛在心理成本中。

這是很自然的傾向，沒有一個人應該因為這樣而被批評。諾貝爾獎得主丹尼爾・高尼曼證實，經濟、個人或工作上潛在的失落感會在想像中隱約變得比實際的失落感更大[33]。這個現象就是有名的「厭惡損失」（loss aversion）理論，並且會以戲劇化的方式衝擊人的決策。與個案設定時間軸線檢視長遠的負面結果（失敗）會有幫助。個案（以及任何人）有個麻煩的習慣，就是會把焦點放在失敗或困境所引發立即性、比較糟的情緒反應上。可以詢問個案這些不舒服的情緒經過兩個月、半年或一年後的變化，這樣對個案會有啟發作用。遭遇可怕的離婚者在事發一年後就會覺得比較好過些。

82

你的個案比起已經覺察到的自我更可以忍受艱困、痛苦、挫折。事實上他們已經有這麼做的經驗了。還有，這就像許多面對困境或問題的例子一樣，他們會記得這些重要的學習時光、轉捩點或是當作智慧來源。個案會買帳的格言是：「殺不死我的，將使我更堅強」，從瞭解個案主要的生活困擾中刻畫出額外的再保證是——不論他們失業、離婚或損失錢財——都殺不死他們。

3. **非黑即白的思考（Black-and-white thinking）**：我們在 1970 年、1980 年與 1990 年代經歷到電腦科技快速進步，而且進步仍然在我們的生活中繼續著。所以不難理解「模糊邏輯」（fuzzy logic）的新型電腦晶片能成為很多家電用品背後的驅動力量。這是第一次，烘乾機可以意識到毛巾的溼度而相應去調節循環。同樣的，吸塵器可以依地毯厚度與地板髒汙的程度調整吸力。汽車雨刷能配合雨量而改變速度，晚餐結束後餐廳的光線在晚上會變得比較微弱。科技為灰色地帶的思考面帶來突破，但是諷刺的是，很多人還是受黑白思考的影響很大。

多數人對這種思考習慣都覺得很熟悉，人會傾向去相信某一個案例或是反例才覺得真實而忽略了中間地帶。這個共同的認知謬誤是西方邏輯的結果，我們傾向把事物分類成清楚的群體，並且用非黑即白的模式來思考。基本上，西方人很難想像只有局部獲勝、中庸的成功、或是承諾和不受支持的目標共存等概念。這些想法類型超越了我們文化標準的表面以及事情如何運作的瞭解。有多少次你遇到經歷過成功與失敗並列、停滯與發展並進的個案。可能你用自己的二分字眼去思考這些事情了。雖然這樣做會有些困難，但是突破非黑即白的思考習慣是有可能的。事實上，生活比二分法複雜多了，這種思考型的功能主

要是把資訊簡化，用一種清楚、容易瞭解與使用的形式把資訊留下來。這種不利的自然思考傾向就是指我們過度簡化了事情。當我們的心智欺騙自己要牢牢保持精簡化時，這些例子就特別危險。但是退一步、深呼吸想一想：有一項比較貼切的檢驗顯示基本上我們生活事件中有更多灰色地帶。學習放鬆、認知性地談話，你會感覺到從你肩膀上卸下很多重量。

4. **長期快樂的思考（Chronically happy thinking）**：那些經常快樂的幸運靈魂會有什麼習慣呢？我們不是指那些沒有覺察或不願意承認世界上有許多危險的陷阱和錯誤的天真人士。相反的，我們是在談論那些心理上覺得生活發生的一切都很值得、能堅強地跳脫的人如何思考自己的生活？還有，可能更重要的是他們個人的心智習慣是第二種天性還是他們的意識呢？對他們而言，當正向感來得比其他人容易時，正向思考也可以是一種養成的習慣就像努力在體育館健身一樣。心理學家卡洛‧魯夫把快樂思考形容為找出正向感甚至是點頭承認無法避免負向事件的一種努力及有意識的結果。她在最近的訪談中告訴我們：「有這種感覺的人，是睜大眼睛在過生活的。」

快樂思考有部分會與注意力聚焦在何處有關。人的勝利、稱讚、鼓勵以及好運氣的機緣，只要我們覺察到就可以品嚐其中的滋味。注意讚美、成功、靈感的人會想要發掘它。花時間品嚐成就的人希望未來過得好的時候，會傾向把過去的感覺好好保存起來[34]。花時間尋覓生活的光明面並心存感激，對個案而言會是用來保持靈感、活力與動機的有力工具。

快樂思考另一個關心的層次是面對未來。擁有樂觀的前景會是未來成功的重要預測指標[35]。相信事情會愈來愈好、相信自己會成功、保持最佳希望感的人，會比緊繃度日的人更能夠維持

好的動機。對未來樂觀已經證實是一項主要的個人資產。只要
想想那些曾經陷在膠著、愁苦、擔憂中的個案就知道了。可能
是說他們在工作上退怯與痛苦，狀況不比待在家裡好。增加希
望感是推動個案向前的有力工具。反過來說，心情好的人比較
有可能順利的考量未來，就像有希望感的人比較可能有好心情
一樣。

四、結論

最後，快樂比肉眼能看到的還要多。快樂並不是指不會傷心難
過，也不是指突然狂喜的高漲情緒。快樂反而比較像是普遍但非永
久的適度愉悅感，包含（而不完全是）對生活大部分（但不是全
部）的滿足。快樂是與生俱來的權利，多數人在這方面都擁有自然
適中的快樂並且能調回到這種狀態中，甚至在面對新的生活環境時
也是。最後，快樂並不是被單一事件所引發，而是受到從個人價值
到個人基因等多元變項所影響。更重要的是，快樂絕大部分會是你
和個案能在個人控制下的好選擇。藉由瞭解十分難改變的人格層次
例如注意細節、外向、音樂能力，你可以帶領個案遠離浪費時間的
困境，指點他們朝向更具成效的工作領域邁進。快樂關注的地方包
括發展健康目標、維持良好關係、採取正向思考習慣。

正向心理學教練服務的行動步驟

86

1. 仔細思考一下你的目標。花些時間根據目標和資源的關聯、趨前／避離的傾向、外在或內在動機的程度來評估目標。也花時間想想，過去你在特殊目標上已經投入多少，檢視一下當你努力邁向目標所遇到的困境。你會如何回應這些困境？你有從目標中休息一下嗎？有為目標投注更多資源嗎？有修正目標嗎？思考一下要如何把這些來自生活的洞察，應用到教練服務會談中。

2. 仔細思考一下和個案循著目標工作的結構形式。你會使用符合目標的計畫和相關的資源嗎？你會如何和個案討論目標含有內外在動機的想法？有什麼與目標定位（趨前／避離）相關的附加問題，你可能會加到以目標為焦點的會談中？

3. 仔細想一下努力邁向目標時經常會出現的焦慮感。個案的焦慮感，有多少是因為大量投入追求有意義的結果而產生的副作用、有多少是因為反覆思考而導致的症狀？你會如何評估個案跨越不同階段目標的發展與成就而產生的焦慮感？焦慮感對個案的影響是什麼？個案在感受到負擔或被困住前可以忍受到什麼程度？

4. 你會如何與個案一起循著社會關係而努力？考慮一下以判斷個案社會資源為重點的活動。也許他們可以列出在工作上與工作外親近的人。依據歡樂、支持、志同道合、挑戰或機會來看，這些人可以提供什麼給個案？你會如何使用角色扮演，透過介紹關係、說明問題與維持關係來教練個案？

5. 你會如何和個案圍繞正向思考一起合作？當你聽到完美主義或非黑即白的思考時，個案會允許你挑戰他們嗎？考慮一下和個案一起探索現存的思考對他們是幫助或阻礙。研究顯示修正思考是十分容易掌握的習慣而且有明顯的好處。你會如何使用它來向個案銷售這個領域所提出的意見？

87

延伸閱讀

1. Kasser, T. (2002). *The high price of materialism.* Cambridge, MA: MIT Press.

   這科學研究回顧顯示，唯物論的目標與慾望會毒害人類健康。

2. Schmuck, P., & Sheldon, K. (2001). *Life goals and well-being: Toward a positive psychology of human striving.* Seattle, WA: Hogrefe & Huber.

   這本書強調最有可能促進快樂感的目標，顯示目標與生活滿意度關聯性的研究集。

3. Seligman, M. E. P. (1998). *Learned optimism: How to change your mind and your life.* New York: Free Press.

   這是一本為了保持正向要如何改變思維的現代經典指引。

   （中譯：《學習樂觀，樂觀學習》，洪蘭譯，遠流出版社）

4 CHAPTER

多面向的
快樂學處遇方法

　　藍迪是一位三十六歲的電子業獨立顧問。雖然他很開朗又認真　　89
工作，且對他來說過去幾年的生意也很好，但是隨著藍迪寶貝女兒
的到來，改變了他對生活的觀點。他開始想要比獨立工作時獲取更
多經濟安全。他更嚴肅地考慮，由日本公司提供能輕易到手的工
作。他的女兒出生三個月後，藍迪決定卸下他的招牌去應徵知名公
司素有名望的職務。他對面試感到很緊張，並雇用一位教練在過程
中協助他。除了一般預測可能會有的面試問題、準備合適答案的方
向之外，藍迪的教練和他合作發展一份「正向代表作（portfolio）」
的檔案。藍迪花了幾星期蒐集這份代表作的素材，隨身帶著它去曼
哈頓──他進行面試的地方。藍迪打開代表作並仔細瀏覽內容。

　　在裡面，正向的回憶盡是他的利益表單、耶魯大學文憑影本、　　90
妻子的鼓勵信，以及列印的一封電子郵件，這是他在公司服務的第
一年，有一位受人尊敬的高階主管，為了感謝他在工作上傑出表現
而寫的信。當其他申請人在回顧面試策略、練習回答、在鏡子前再
三確認儀容時，藍迪用的是正向代表作來提升自信。他回顧過去的
成就，展示他為什麼在工作上表現完美的原因。這份代表作不僅使
他能忍受面試前的緊張時刻，也幫助他把心態轉移到最後贏得職位
的可行方向上。

假使每個人都跟藍迪一樣有一袋可以用來解決生活問題的簡易行動祕訣，那會怎樣呢？這個價值百萬的問題，對教練與個案來說，和詢問「我可以做什麼來讓生活過得更好？」這個問題是一樣的。想要知道自己的功能可以發揮得有多好、在日常活動中可以感覺到自己投入多少、要如何達到持續的快樂感，這些都是很正常的事情。可能你的個案都在深思同一個議題。不論個案是高階企業主管、有遠見的企業家、還是對中繼職業不滿意的人，他們已經雇用了你，至少這意味著他們瞭解生命實在很短暫，所以可以用非常甜蜜或平庸的方式過活。為了提升個案的動機、成長的機會與正向感而做的每件事，都會使你們雙方相得益彰。你的個案會在生活中看到明確的正向改變，你也會從其他成功的專業關係中獲益。

人們爭論著在歷史中通往快樂的適當路徑為何。哲學家、神學家這些人參與了努力尋求個人自我實現的辯論。有些人主張禱告、冥想以及其他形式的心靈滿足。其他人主張健康飲食和經常運動來促進活力與健康。有些人用個人抱負的角度看待快樂感的祕密，其他人則是把它看作要為服務別人而活。我們很幸運地活在這個時代：對於快樂以及要多努力才能獲得快樂這個問題給予空前的注意。過去三十年內在瞭解什麼是快樂感有極大的進步，例如預測快樂的因素、快樂的生物性及神經性聯結，以及——最近的——貨真價實的快樂學處遇方法。正向心理學的研究者真正測出著重在增加並支撐個人快樂感的處遇方法，並且產生一些鼓舞人心的發現。

通往快樂的路徑，不再需要雞尾酒宴會的討論、來自牧師的忠告或是給編輯者的說服信件。支持能變得更快樂的實徵科學研究量持續增加中，達到情緒健康的個人觀點現在就可以先擱置一旁。研究者已經發現快樂與引導想像、正向思考以及其他容易使用的工具之間的關聯性。身為教練，事實就是你現在可以對已經接受科學檢

91

驗的個案提供與快樂有關的處遇方式，這應該會增加你的服務自信，就像你想對個案呼籲的一樣。從新的正向心理學科學具有實徵效果的處遇方法，對商業界、想得到最高品質與最頂尖教練服務的消費者來說都是賣點所在。

我們在此先暫停一下，簡要地說，先考慮一下快樂感研究的語言以及個案要如何接收正向心理學領域。以歷史來說，「快樂」這個字眼，與天真、快樂主義、想法率真以及普遍和真實世界接觸有關聯。快樂通常會被意識到是難以理解的熱情，就像一件不重要的事情。身為教練，你可以預期在組織與個案中出現這種偏見。快樂是一個詞彙與主題，通常被視為太輕鬆且是新世紀的（new-agey）而無法被嚴肅看待。在世界最大的行政主管研究公司康福國際（Koen/Ferry International），有一位領導力發展方面的顧問珊德拉‧弗斯特（Sandra Foster）在訓練時使用正向心理學，建議將快樂和正向心理學的內容，轉換成個案能瞭解並接受的語言[1]。所以不要試圖向個案宣導「堅忍不拔」（perseverance），也許你可以根據「能夠持續出其不意的能力」來說明你的工作。當這種詞彙對圈外人來說是奇特的時候，專業術語可以為瞭解這個語言的人溝通更順暢。快樂有關注的重點，我們鼓勵你把焦點放在對個案來說是很重要且和快樂有關的結果上。為此，如果不直接談「快樂」，你可能會想討論的是婚姻誓言、最佳功效、增加生產力、銷售的韌性、情緒管理能力或是正向的關係經營。

92

> 💡**祕訣❶** 研究一下你的市場。什麼是個案描述挑戰及解決方法的語言？把你的銷售文宣和處遇方法的語言，修改成可以吸引個案的詞彙與概念。

　　許多抱持懷疑態度的讀者可能會想，個案是不是真的想感受到快樂。這是一個公平性的問題，也是一個值得深思的問題。許多案例中，個案一般不會用個別晤談或教練服務要以快樂為主來說明自己的目標。他們不會為了要更快樂而進入明確的教練服務，也不會把收穫與勝利直接和快樂綁在一起。然而，所有的教練服務都涉及增加個案幸福感的隱性成分。事實上，正向心理學研究者表示，世界上的人把快樂的等級列為和戀愛、賺錢、上天堂一樣高[2]。這個觀點不僅被我們曾和很多個案的工作經驗所支持，也被從事正向心理學研究的心理學家克里斯・彼得森和同事所支持，他們表示不只很多人會想要快樂，也贊成達到快樂有多元途徑，包括透過生活中的愉悅、投入與意義等。彼得森把這個世界觀稱為「滿足的生活」（the full life），以此為定位的人比較可能對生活感到滿意[3]。

93
　　快樂保留了一個很重要的問題：我們應該要更快樂嗎？頑固的個案、不確定的組織、懷疑者，在準備好投注很多資源以跟隨小白兔進入特殊洞穴前，需要一些說服。「快樂是短暫的嗎？」他們可能會這麼問。或「快樂有什麼好處呢？」很幸運的是，正向心理學研究者能用空前絕後的方式回答這個問題。有資料顯示：快樂對家庭與工作都有明確的好處。用多項方法做出的研究顯示，感受到正向情緒會和比較好的人際關係、參與更多社會活動、比較受同事喜愛、得到客戶與上司比較好的評價、賺比較多錢、比較會幫助別人、享受更好的健康、有更好的因應方式、增加創造力、甚至存活下來都有關聯[4]。這些對於在多向度生活中感到投入與滿足的人來說，有清楚明確的好處。因為對任何提出鐵證如山證據證明快樂的好處的人來說，是否要增加快樂這個問題的答案，應該用膝蓋想也知道。對這種人來說，比較恰當的疑問是：我要從哪裡著手呢？

> **秘訣❷** 正向情緒能帶來好處的研究結果可以讓你拿來當作銷售服務的輔助。你可以強調快樂帶來更好的健康與收入，就像許多與工作有關的好處一樣，例如比較少生病、能得到客戶比較高的評價。

　　一般的常識與過去的經驗都已經支持一些通往快樂的路徑。例如早上去運動似乎可以遠離壓力，為一整天提供生理能量。其他人會把聖誕節紅利與支票當作增加快樂的工具，這個想法的意思是額外的錢可以用來換一台新的數位相機、週末的放鬆或是改建廚房。人在試圖獲得可以延續的幸福感時，會長期把焦點放在生活環境上。一般的智慧會認為只有環境的正確組合——好的婚姻關係、住在安全的鄰居隔壁、居住好房子、參加教會、安全的收入——會擴大我們追求快樂的機會。很不巧的是，生活環境只是組成快樂的一小部分而已[5]。即使宗教信仰、收入與婚姻是預測快樂感的因素，但這些因素對整體主觀幸福感的貢獻很有限。不只那樣，生活環境經常也是很難控制的。要改變婚姻品質、住所的安全性、年收入或教育程度並不是容易的任務。基本上，想有效改變這些領域任何一部分，都要用微量增加、投注大量的時間、精力和其他個人資源才能發生的緩慢歷程。最後，把焦點放在生活環境上就如同通往快樂的跳板一樣，通常是一件投資很多、報酬率卻很低的事情。

94

> **秘訣❸** 請小心要我們把焦點放在改變生活環境以增加快樂的誘惑。基本上，改變生活環境需要大量資源的投入而且不保證會成功，或是只能得到一點點快樂而已。反之，我們可以幫助個案在追求快樂時，把焦點放在小小的日常活動上就好。

接著，你和個案應該要深入探究什麼部分才能提升幸福感呢？心理學家肯諾‧雪登與桑賈‧路柏莫斯基主張探究日常活動、個人可以直接控制的行為，都是最好的起始點[6]。改變我們的民族性很困難，現在也發現要改變我們的基因組成更是不可能的，所以修正我們生活的例行公事及實務就是很簡單的事了。即使是小的改變，例如在新車庫中停車、走不同的路去上班，都可以為我們的生活增添對新奇經驗的微妙接觸，並且有助於打破我們一般對自己刻板的行為常規。

95　　在此，研究者在測試快樂學處遇方法時發現小小的行為是一項選擇，很容易就變成習慣。經年累月到現在，科學家在正向心理學的研究主題中已經看見它與個人目標、滿足感等領域的連結。依循邏輯下一步要做的是，研究者與這些能增進快樂的處遇方法一起玩耍並測試它們。

在這一章裡，我們討論獲得正向心理學研究者注意與支持的處遇方法。當然這並不是說這些處遇方法對每一位個案、在每個情境中都有效。相反的，我們選擇已經被嚴謹的科學方法測試過、在考驗時出現效果的處遇方法。最後，由你自己練習謹慎的判斷，聯合個案共同選出最適用的教練服務策略。

列有實證效果的快樂學處遇清單正在快速成長中，我們要鼓勵讀者加入正向心理學電子郵件系統（www.ppc.sas.upenn.edu/listservsignup.htm）、造訪正向心理學網站（www.ppc.sas.upenn.edu）、支持《快樂學研究期刊》（*Journal of Happiness Studies*）與《正向心理學期刊》（*Journal of Positive Psychology*）等領導性期刊，以迎頭趕上這個領域的發展。我們無法極力保證你和正向心理學振奮人心的新發展能並駕齊驅。藉由更新你對頂尖研究、評估方法、處遇方法的知識，讓自己兼具競爭優勢與機會、對工作保持興

奮感。許多最新的處遇方法在接下來會進行討論。

一、具實徵效果的快樂學處遇方法

（一）生活品質的治療

　　不要被「治療」這個字眼、這個正向心理學新的應用主題給騙了。「生活品質的治療」（Quality of Life Therapy, QOLT）不是心理分析家針對佛洛依德學派認為神經質的人，進行一連串難以令人消化的同理式傾聽與治療。它是一種動態的、經驗豐富的新方法，可以貼近個人的問題、臨床與其他部分的工作。已將近有一世紀之久，心理治療師與個案一起合作解決問題、因應無法招架的情緒、開拓更好的生活。雖然需要處理慢性憂鬱症或精神分裂症這類具有難度的問題，但卻很少有人會處理與日常生活息息相關的問題：對新工作的恐懼、搬到新城市居住的不確定感、對工作困境感到難過、擔心家庭與工作之間的平衡、婚姻困擾等。當你和個案都是心理健康的人，在遭遇正常出現的一陣難過、擔憂、失望時，仍然可以從這個活躍的新取向學習很多。

　　貝樂大學心理學家麥可・福里斯屈（Michael Frisch）被正向心理學的科學突破所激勵，創造了「生活品質的治療」[7]。雖然他的背景是心理諮商，但他的工作取向可以應用在教練服務中而令人驚訝。福里斯屈的工作取向看起來和教練服務十分相似：福里斯屈認為，「生活品質的治療」是個人成長的事業，可以應用在頂尖企業主管上，也可以用在與憂鬱症搏鬥的個案身上。「生活品質的治療」核心不只是減輕憂鬱或焦慮的症狀，它的核心在幫助人邁向最理想的功能。他報告說他的系統著重在透過「豐富內在」的發展來增加快樂，並且和醫生、律師、神職人員、學者等專業人士分享

96

他的作為。福里斯屈鼓勵實務工作者參與策略性的自我揭露；對個案分派家庭作業；聚焦在生活平衡、成長機會與正向成長上，藉此進一步打破傳統治療模式。事實上他的計畫有很多成功經驗，所以最近就開始拿來應用在「生活品質教練服務」（Quality of Life Coaching）中。

97 「生活品質的治療」使用效果良好的電腦基礎調查〔「生活品質量表」（Quality of Life Inventory, QOLI）可以上網 www. pearsonassessments.com/tests/qoli.htm 取得〕評估整體生活品質，例如健康、工作、目標、創造力與孩子等生活領域的滿意度。透過這個方式，治療師、諮詢師與教練就能夠拼湊出個案生活中進步的完整圖像，界定出需要被支持的部分。這對治療的典範來說是一種極端的偏移，福里斯屈的高品質評估完美的和正向心理學教練適配在一起。對於想買這項調查工具的教練來說並不昂貴，個案也很容易瞭解這份工具，而且可以用電腦程式計分。這份量表最大的優點、也是教練服務最關心的部分，就是可以輔助工作領域的界定，因此能為個案關心的結構取向設定階段。在介紹會談時，它可以用來當作個案判斷生活品質的方法，並且引導教練服務的進行。「生活品質量表」也可以橫跨會談歷程來描繪進步，或是在變動的晤談中重新聚焦在教練服務議程上。例如，你有過和個案長期會談，但他不確定要談什麼的經驗嗎？有時候，每週進行教練服務會談會讓個案覺得很累贅，有時候當個案要為會談「提供素材」時會覺得失落。在這種例子中，「生活品質量表」正好是一份理想的、值得討論的評估方法，也是會受到個案歡迎的工具。

除了這是一項容易使用的電腦評估之外，福里斯屈對個案的服務取向也在他的著作《生活品質的治療》（*Quality of Life Therapy*）中詳述，他提出綜合性的處遇方法令人印象深刻[8]。福里

斯屈編輯一張清單描述處遇方法、討論如何應用到目標與關係等生活特殊領域中。福里斯屈取向的細節與使用方法太冗長，無法在此清楚詳述，但是我們很鼓勵你閱讀他的著作（詳見本章結尾的延伸閱讀簡介）。這個特殊的處遇方法包括很多教練非常熟悉的方法在內，而有些是新的方法，不過所有這些方法都有用。我們對「生活品質的治療」特別興奮，因為它的測量方法仰賴科學支持，當它作為增加快樂的處遇方法時就會有效[9]。不論是局部或全部採納福里斯屈的方法，都會把你放在正向心理學教練服務的最前線。

（二）表達性書寫典範

教練服務的重要性已經有很多都被寫下來變成文字了。教練經常會對個案提出一些建議例如製作清單、張貼對人有意義的提醒、記錄積極的祈禱文、使用日誌與行事曆、寫日記、寫下希望與夢想。你可能已經看到寫下個人重要目標的力量。也許你已經看到個案在表達形式上的差異。一旦他們以書面承諾、大量談論希望與想法時，這些就會變得更清晰、更容易達成。德州大學心理學家詹姆斯・潘尼巴可（James Pennebaker）在服務創傷受害者和試著因應困境的人時看到表達性書寫的潛力。在「表達性書寫典範」（expressive writing paradigm）中，潘尼巴可檢視把壓力訴諸文字對健康的影響。在許多研究裡，潘尼巴可和其他人發現用書寫的形式表達自己有助於健康與因應技巧[10]。

書寫如何對個案這種心理健康人口起作用呢？要如何用書寫來影響快樂呢？密蘇里大學心理學家羅拉・金恩使用潘尼巴可表達性書寫典範，評估如何用它來增加幸福[11]。雖然她的方法很簡單，但她的研究清楚顯示技術的力量。金恩把研究參與者分成三組實驗條件：第一個群體寫下「最棒的自我」，第二個群體被指示寫下最受傷

98

的生活經驗，第三個群體被要求寫下未來的計畫。在每項條件中，參與者被告知每天都要針對指派的主題進行二十分鐘書寫，連續進行四天。金恩也測量參與者在進行書寫練習之前與之後的心情。如同預期的一樣，那些被要求想像未來的人在書寫幾週之後，就瞭解了他們的夢想、達成了目標、努力工作，快樂也增加了。這項研究後來被心理學家肯諾·雪登與同事加以複製，再次試驗[12]。

　　你也許會對自己微笑、思考著這正是你和個案工作時使用的型態或做法。如果是這樣，你現在就可以帶著正向心理學科學認可的附加自信繼續進行服務。如果你目前不是採用這項處遇型式，我們想鼓勵你去做做看。有很多方法都可以讓你對個案使用這項活動。我們建議你在個案遭受壓力、過渡期或不確定感的期間指派一項表達性書寫計畫當成家庭作業。藉由提供機會讓個案展望樂觀成功的未來，你會增進動機就像增加快樂一樣。但是要當心如果個案已經承受過多壓力，正向表達性書寫也許會變成挑戰而使處遇無效。你先測量個案的情緒狀態，當他（她）覺得這可能會成功時再介紹這項計畫。接下來，這裡有兩個範例說明書寫計畫的操作方式。你可以用任何方式，修正成你認為適合的說明或創造自己的說明：

說明 A：「花一點時間想像你未來的生活。把所有在你身上會發生、會完成的事情加以圖像化。尤其是盡可能想像每件事情都已經完成。你已經努力工作、克服障礙、達到你一直很想要的事物。請你描述一下這種生活。」

說明 B：「花一點時間想像一下最棒、最具可能性的自己。想像你變成自己相信可以成為的人。如果你可以是自己所想、所行、並且伴隨一切希望的模樣。考慮你的優點、關係與成功。描述一下這個理想的你。」

（三）生理練習

很多讀者不用說服就知道規律運動能帶來正向效果。走路、跑步、其他體適能訓練，對健康的好處都有很好的證據及宣傳。有些讀者也覺察到好心情、注意力更集中、增加生理能量、較低程度的壓力與運動的相關研究。如果你想實際去運動場運動、慢跑、和運動團隊比賽的次數，這種研究可能會有意義。可能這會是一段讓你感到歡樂與熱情的時期，就像生理上有力量、充滿活力一樣。維持體適能是一個有價值的目標，不僅會促進目前的健康，也是在為未來的生理活動作預備。當你不適合徒步旅行時，怎麼會想去爬山呢？如果我們在夏威夷度假卻不能打起精神在海裡游泳或在沙灘上散步的話，我們不就會因為這樣錯過什麼嗎？健康可以說是我們最珍貴的個人資源，也是需要不斷維持的一項資源。

近年來，生理運動與快樂的相關研究已經在進行。如同你預期的一樣，證據表現出的結論指出保持體能（keeping fit）對情緒會有很大的幫助。在牛津大學心理學家麥可·亞吉爾（Michael Argyle）的研究回顧中發現，規律運動有很多好處：壓力感較低、比較不會緊張、比較不會疲倦、憤怒與憂鬱感較低、能增加活力、有較高自尊、身體意向比較正面、正面情緒的陳述比較多[13]。事實上亞吉爾與同事發現，經常規律運動的人會比歸屬於教會群體或唱詩班裡更快樂。這就再次說明有鐵證如山的資料告訴我們，運動與生理、情緒健康有關，這項結論是無法避免的：沒有不規律運動的藉口了。

除了有數百萬個不運動的藉口之外：生活是一條介於應然與實然之間的不便之路。人很容易為自己有氣無力的到運動場想出一堆合理的藉口。不只是因為工作和家庭是兩項重要的生活向度，需要

付出我們的時間和精力。尤其要和自己爭論錯過家庭活動與工作的好理由是很困難的。在我們的經驗中，運動對個案面對輕重緩急時有利於處理緊急關切的事情，例如處理最後期限或家庭義務等。如果這也是你個案的例子，我們鼓勵你根據健康的觀點說明運動的重要性，而不是以無法吸引人注意的活動來說明。選擇運動是很容易的，但是要在工作與健康之間做選擇的時候，也一樣這麼容易嗎？

　　假使你的個案需要額外的動力，請他們寫下不同活動的好處清單可能會有幫助。你可以使用這項活動，清楚地把體適能養生法連結到工作比較好的表現上。體適能訓練期間對我們做的事情有很多好處，這是不容爭辯的事實。健康是金錢買不到的個人必需品。當延長工作最後期限或在工作中使用其他援助時，個案就會賺到健康品質並且加以維持。除了規律運動有許多好處外，你現在可以增列一長串心理健康的好處清單。這些好處可以被視為是工作較佳表現，或家裡較有生產力的家庭成員的額外資源。如果你說服個案每星期運動四次、每次二十分鐘，會幫助他們比較有效地管理壓力、讓他們覺得更有自信與活力，這樣他們會花更多時間去運動嗎？你可以幫助他們把運動建構成例如有伙伴的社交活動、發現一項可以適度挑戰的運動，請他們列出其他能從中得到健康的工作與個人目標，以協助他們維持動機。

（四）正向的回憶

　　很偶然的，人用描述過去、現在和未來時的注意力多寡，區分了心理治療、教練服務和其他部分。根據一般智慧而言，治療師花了絕大部分的晤談時間在詢問過去、家族史、探索童年早期發生的事件。相反的，很多人進一步清楚強調，教練服務要把焦點放在未來的成果與行動上。不論這些觀點是多麼一般化或被事實浸透，教

102

練會極力考慮「時間導向」（time orientation）也就是他們聚焦在過去、現在、未來的時間總量。經驗豐富的教練認為探索過去，特別針對個案經歷過成功、或從挫折中忍耐與復原的例子，是有必要的。

正向心理學研究認為還有其他漫步回憶小徑的理由。有些理論解釋了回憶過去對健康的影響[14]。也許念舊的思想天生就是愉悅又舒服的。同樣的，思考過去有助於維持橫跨情境與年歲的穩定感。有些理論認為老人回顧過去的一生，是發現心理終點站的重要步驟。不用懷疑你有著回憶正向往事的個人體驗。這點很容易就讓我們在心裡想起最近一次拂去相簿上的塵埃，回憶你的婚禮、對自己曾經那麼年輕感到驚訝、天真的模樣與熱戀的過程。也許你可以想想流連在書架前，對著某個歷經長時間運動競賽後好不容易才得到的獎牌泛起微笑的時刻。過去的成功與情緒高峰太過深刻而無法輕易描述清楚。

芝加哥大學心理學家福雷得‧布萊恩（Fred Bryant）用正向回憶的全球化經驗當作研究增加快樂的切入點。在布萊恩初期的研究中他詢問大學生實際的往事，探索日常生活如何開始發生心理活動。根據布萊恩的研究發現顯示，研究參與者獨自一人時很可能會進行回憶；當他們心情低落時會進行回憶（這是把回憶過去當成因應策略的一個信號）；會回憶關係；還有想獲得新的洞察、想擁有額外的快樂或是感覺想要逃離現在的時候也會進行回憶。此外，絕大多數的參與者表示，他們為了儲存日後可以用的正向回憶而積極投入在這個策略中。有些人會努力記住事件，例如會用相片或寫下「心理註解」的方式來記住，其他人則用事後儲存的方式來維持記憶的鮮活度，例如對朋友描述這個故事[15]。

103

　　布萊恩的第二項研究選擇用控制組實驗設計，調查兩種對過往回憶的不同方式。在這項研究中，研究參與者被分配到實驗組其中之一，要求他們一週內每天要抽空兩次、每次十分鐘，獨自坐下進行正向回憶。有一組（認知性情境）參與者被告知放鬆、深呼吸、自由地回憶。第二組（記憶感受性情境）參與者被要求維持正向經驗的生理感受，把焦點放在與生理感受相關的記憶上。布萊恩發現把這兩組成員與控制組成員相比，在一週內報告的快樂時光比較多；認知條件組的成員獲益最多，可能是因為他們的心理意向栩栩如生的緣故。

　　布萊恩的研究顯示，快樂感可以用每天花幾分鐘回憶過去的成功經驗而獲得。這兩種回憶的類型——認知與記憶感受——對個案都會有好處，也可以從兩種方法中擇一，讓處遇方法永保常新。作為你和個案使用這個工具的第一步，你可以考慮協助他們發展「儲存」正向回憶的習慣。可以要求個案簡短回顧一天或一週裡發生的正向事件，養成習慣去注意並保有這種記憶的運動。如果未來有一些你與個案預測會經歷成功的時機，你可以用腦力激盪的方式去捕捉事件的意向與感覺。例如，如果個案因為在會議上做出優異的簡報能力而有自信時，你可以建議她對這個景象做心理快照，聚焦在聽眾的面孔、場地的大小、對她講笑話的笑聲、後來身體能量的高漲上。這會使未來回憶這個令人珍視的事件時變得容易許多。

　　另一個能吸引個案大有可為的方法，就是請他列出能用來引發正向回憶的所有記憶感受。詢問他有關獎牌、獎品、徽章、學位、證明書的事蹟。鼓勵與你合作的個案用照片、個人擺飾、紀念品及書籍裝飾辦公室。包括個案的第一份商務名片、姓名告示牌、保留停車位或是公司門禁卡，每一項都可以考慮使用。例如相簿、舊衣服、城市的一部分（例如餐廳）、珠寶等，廣泛與工作無關的特殊

紀念品，也都可以用。只要有正向關聯的東西都可以用來作為正向
回憶的催化物。

　　就像布萊恩在研究裡提到的一樣，除了使用物理性的物品外，
和個案一起用正向的方式簡要地思考過去也會有幫助。珊德拉・弗
斯特是康福國際公司一位服務高階主管個人發展的個案兼伙伴，建
議在一天結束後花時間反思勝利經驗[16]。弗斯特說藉由清楚標示工
作時間結束、也在正向註解上按下時鐘，這樣有助於在平常工作日
提供必要的結束感。

　　作為最後的註解，要瞭解回憶的作用並非對每個人都一樣，這
是很重要的。事實上，布萊恩發現女人比較會看到儲存美好時光的
好處[17]。很可能是因為社會化過程鼓勵男人對目標保持聚精會神，
使他們容易把焦點放在未來。最後，你還是會用自己的敏銳度判斷
對個別個案適當的處遇方法。此外，思考正向回憶與反思、耽溺負
向事件之間的差異是很有智慧的事。就如你所想像的，反思的確會
減少快樂，所以要區隔這兩種記憶之間的差別，保護個案避免耽溺
在負向事件中。這個觀點最近被桑賈・路柏莫斯基的正向心理學研
究所證實。在一連串的實驗研究中，路柏莫斯基和同事發現，單單
只是重演過去的豐功偉業就會使人增加幸福感，但是如果對同一個
過往成功經驗進行策略性分析時，幸福感事實上是比較低的[18]。因
此，應該要讓個案清楚區辨品嚐滋味與分析思考的差別。再次提醒
一下，你根據知識及與個案的關係所作的判斷，會成為適切處遇的
最佳引導。

（五）寬恕

　　寬恕是多數人能輕易瞭解的概念，即使它很難做到。寬恕的功
能就像是社會調節器，也就是說這是我們讓家庭、團隊、城市、國

106

家群體維持完整無缺的一項工具。寬恕是接受違反規定、法律或道德的人回歸到恩典中的歷程。每個人偶爾都會犯錯。對一些人來說，用魚叉偷捕魚是出自於不顧一切或機會難得的小罪。對多數人來說，犯錯並不是戲劇性出現的，而是等同於我們用粗心的言語、閒話冒犯別人或是沒有做到承諾一樣。我們曾經因為不當的行為或無法完成義務而引起關係的緊張，無人例外。真正的自責是社會療癒歷程中很重要的一部分，但是真心後悔與真誠的道歉卻不足以滋潤關係的進展。最後，寬恕才是包紮這些社會傷害的必需品。

對很多人來說，慈悲並不總是得來容易。事實上，寬恕過程的困難度是讓人很驚訝的，最後，寬恕通常是一項很難得到的成就。對他人展現慈悲與憐憫經常意味了必須要放開我們的憤怒、停止養大我們的傷害、要接受罪人。但是寬恕的另一面是愉悅感。接受道歉會令人感覺很好，寬恕是個人道德準則上的重要部分。相同的，順應合好而恢復社會聯繫感覺也會很好。事實上，列斯特大學心理學家約翰‧馬特畢（John Maltby）發現，與寬恕有關的思想行為也和快樂感有關[19]。這個意義是指：為了激發人寬恕，寬恕就必須要有某種好處！根據寬恕的研究顯示，寬恕確實會和比較好的健康狀況、比較快樂、比較低的憂鬱及焦慮比例有關。

因為寬恕有很多好處，很多研究者測試了能提升寬恕態度的處遇方法。研究顯示寬恕態度可以擴增，這麼做會帶來更多希望感、比較低的敵意，這些好處至少能持續一年。儘管有這些令人印象深刻的結果，我們想要對寬恕的處遇方法補充一個特殊的勸告。珊德拉‧弗斯特反對在職場上使用寬恕處遇。她在最近的訪談中告訴我們：「和生意人使用這一類處遇方法真的很棘手。這些處遇方法會帶來難過的感受、太過私人也太有強制性了。」弗斯特說，寬恕的處遇很難處理，尤其是因為要處理到典型的痛苦事件、情緒傷害、

107

把焦點放在增加與他人的親密感上。紐約水牛城大學心理學家法蘭克‧芬強姆（Frank Fincham）撰寫過這個主題，他認為以寬恕為本的處遇方法應該包含教育的成分，說明其中有哪些具體細節、哪些不用包含進去[20]。為了防範個案使用寬恕時會遇到的問題，芬強姆描述的教育類型是很有幫助的第一步。即便如此，一旦個案在討論寬恕的時候教練應該表示關心。

有個能避免潛在問題的方法，甚至應該要更微妙的使用這個方法，就是協助個案原諒自己。在不用處理微不足道的、難堪的、不公平的情緒之下，原諒自己似乎比較不親切。通常自我寬恕是指重新評估過去的錯誤、允許已經造成的情境因素並且向過去學習。與個案一起努力讓自己脫離心理桎梏是行得通的。

（六）感恩

很多嚴謹的猶太人早晨會以禱告作為開始，用簡短的希伯來禱告文感謝上帝。其他宗教也在早晨、飯前、特殊事件上有類似的感謝禱告詞。不管是對靈魂、禱告或一般宗教的個人信念——就心理學而言——我們認為禱告是開啟一天生活的好方法。在本質上，它是用小小的感謝開啟一天的生活。為了祝福而感謝，這已經根深柢固在許多社會層面中。小孩通常會因為父母說「謝謝你」而感到驕傲，每年秋天美國人會慶祝感恩節。擁有感恩的態度就表示擁有為祝福而感謝的自然傾向，能夠欣然賞識成功及榮譽。

研究者與理論學家猜測感恩代表許多重要功能。第一，感恩會讓人與其他人維持親近的連結。透過提醒自己親密關係曾經如何及時支持你，會感染你用善意去看待別人。感謝也可以藉由把注意力放在正向的生活層面上來抵消負向情緒。研究者麥可‧麥克庫魯夫（Michael McCullough）也發現感恩會與更多助人行為、高度正向

108

情緒、生活滿意度、累加的希望感以及較低的憂鬱、焦慮、嫉妒感有關係，也有著較低的物質主義態度[21]。

麥克庫魯夫及同事主持感恩的處遇對快樂感的影響研究[22]。在研究中研究者指派參與者許多條件。有一個團體被要求要用一句話寫下一天之中五件感恩的事情，持續進行一星期。另一組參與者也要完成相同的任務，但是一星期內只要做一天就好。其餘的參與者被要求寫一封感謝信給某個自己想要感激的人。如同預料中的一樣，這種處遇方法奏效了，而且增加人的快樂感與希望感。甚至更令人印象深刻的事實是，這項效果持續了六個月之久。在所有快樂學處遇方法中，聚焦在感恩上顯示出最穩定的效果。還記得在第二章裡我們討論到適應力嗎？人在適應時會獲得暫時的快樂，這是有可能的。另一方面，感恩是一個對適應免疫的心理歷程，因為它每天用新穎的、積極的、有意識的、有效的方法在感謝生活。

109
雖然正向心理學研究者發現感恩處遇會有好結果，但是仍有某些處遇的效果比其他方式好。例如，一週聆聽一天祝福的效果似乎會比每天這麼做來得更好[23]。顯然聆聽太多祝福或是經常這麼做就會顯得很無聊。同樣的，寫一封感謝信實際上會增加研究參與者的焦慮感，可能是因為他們擔心這封信會被寄出去或是用其他方式公開。

我們極力鼓勵你和個案使用感恩的處遇方法，建議你要求個案一週也寫一次令他感恩的五件事情作為開始。麥克庫魯夫建議可以用宣誓的方式培養更具感恩的態度[24]。最後，我們也鼓勵你與個案合作發展一份開始注意生活祝福的宣言。

（七）利他主義

人會從幫助他人經歷到正向感湧現的結果，無人例外。不論

是為身心障礙者開門、捐錢給慈善機構、幫度假的鄰居餵貓、通報肇事逃逸的意外或是陪你的孩子一起做家庭作業，助人的機會無所不在。還有，利他主義主不只是英雄主義或是像消防隊員與軍人應該表現的一組行為。不用懷疑，你和個案的感受會因為偶然幫助一個朋友、同事或陌生人而被提升，不論是多小的事情都可能會帶來好的感覺。利他主義在研究文獻中一再被提及，就像是一項和多樣想要的結果有關聯的行為。

回顧近三十年的快樂學研究，有三位卓越的心理學家問了一個問題「快樂會導致成功嗎？」。在他們的研究回顧中，桑賈·路柏莫斯基、羅拉·金恩與艾德·戴納發現感覺到正向情緒的人比較不自私、花比較多時間幫助別人、報告較多利他的行為、比較可能參與社區服務活動、一般而言比較有同理心，也是組織裡比較好的公民[25]。很明顯的是快樂與利他主義的連結是很強烈的。但是它們的因果關係是什麼？是快樂感增加利他主義、還是利他主義增加了快樂感？針對這個主題的研究認為兩種說法都是對的。當人感到快樂時，樂觀的人比較有能量投入在幫助他人，有一份縱貫性研究也發現，志願服務時數較多的人會感受到快樂感增加了[26]。

也許助人行為與生俱來就存在我們的基因中。演化理論相信人會投入去幫助「圈內人」（in-group），可能是家人、親近的朋友、同事或其他志同道合的人。藉由幫助這些親近的人，我們會增長自己的興趣、善意的開立志願服務的銀行帳戶、或是把有用的技術放進實務工作中而不會刻意邀功。先不管這些特殊的好處，個案自然的利他傾向可以在努力提升幸福感時獲得。這份幸福感就像我們在這本書其他部分討論的一樣，可以轉化成更大的個人與專業利益。

密蘇里大學心理學家羅拉·金恩表示利他主義和快樂的連結非常明顯，獲得情感滿足的確切途徑之一就是我們都開始著手幫助

110

別人。她最近在主觀幸福感的會議上說：「想要過滿意生活的人應該停止閱讀自助書籍，開始去幫助別人。」[27] 我們在此呼應她的心聲。和個案一起公開進行社會行動，甚至是在小方面都可以使他們的工作和生活更有價值。

最近發表用仁慈促進快樂感的文章中，提供一個空靈的簡易方法來駕馭個案的利他傾向[28]。日本研究者小竹惠子（Keiko Otake）和同事，要求研究參與者在一週內忠誠的維持每個承諾要做到的慈悲行動，其他參與者則當成控制組。經過一星期的處遇介入之後，表現仁慈的人感覺快樂有提升而且也比控制組快樂，這些表現出較多仁慈行動的好人也獲得最大額度的心理利益。建議個案開始注意他們在一天當中上演的許多小小功績，會是一件簡單的事情。

二、結論

過去十年被視為科學注意提升快樂感處遇方法的大躍進。終於，我們從清楚的理論走向能真正發展出增加情緒幸福感與正向感的處遇方法。身為教練，能證明我們服務有效的證據漸漸重要起來。正向心理學處遇研究就是這類證明之一。正向心理學領袖馬丁・賽利格曼把注意力轉移到這個領域的研究上[29]。他和同事用安慰劑控制設計來測試五種處遇，包括：「感恩拜訪」（gratitude visit）：參與者寫一封感謝信寄給收信者；「數算祝福」（counting blessing）：參與者在一星期內，每天晚上要寫下一天當中發生的三件好事；還有「你的最佳狀況」練習活動：參與者要寫下過去事情非常順利的時刻，每天花一點時間讀這篇文章；「將你的優勢應用到新情境」（apply your strengths to a new situation）活動：參與者使用 VIA 優勢分類表（將於下一章詳述）找出優勢，並將優勢應用到

新情境中。研究團隊發現「感恩拜訪」提升了一個月的快樂,「數算祝福」及「使用優勢」則提升了六個月的快樂。這些發現符合整體正向心理學圖像,也能在教練改進服務時作為有前景的新領域。

正向心理學教練的行動步驟

112

1. 思考一下你要如何在增加快樂感的處遇上使用實徵研究以銷售你的服務。思考一下把研究編輯成清單,放在網站、商務名片、小手冊上的好處。你會如何向你未來或現在的個案呈現這項資訊呢?

2. 思考這一章裡描述的每一項處遇方法,你想對個案提供些什麼?不能提供什麼?考慮一下你們的專業關係、個案的人格與目標以及謹慎的建議。你在什麼時機能介紹這些處遇?如果它們是有效的,你會如何評估呢?

3. 思考一下在你自己的生活中使用快樂感的處遇方法。寫下令你感恩的事情或是開始發展注意快樂時光的習慣,使你稍後可以儲存它們。在接下來幾週內,仔細標示你的生活滿意度以確定這些處遇方法如何對你產生效果。

延伸閱讀

113

1. Frisch, M. (2006). *Quality of Life Therapy: Applying a life satisfaction approach to positive psychology and cognitive therapy.* Hoboken, New Jersey: Wiley.
書中介紹令人興奮的最新正向治療法與功能、也是提供評估與處遇方法的綜合性指引。

2. Linley, A., & Joseph, S. (2005). *Positive psychology in practice.* Hoboken, New Jersey: Wiley.

   這本選輯的章節是由這個領域的專業領袖編輯而成，書中處理了正向心理學多元的部分。

3. Pennebaker, J. (1997). *Opening up: The healing power of expressing emotion.* New York: Guilford.

   這本書引導體驗書寫文字的價值及力量。

基礎 II
性格優勢

5 CHAPTER 善用優勢的教練服務

這是個關於在不可思議的地方找到優勢的美好故事。發生在華盛頓特區市內一間學校，是一個不合格的教育環境中執行飛行課程的傳說。校內許多八年級生都是很麻煩的學生，一般住在貧民區中。他們沒有動力、個性衝動、破壞教室物品。他們許多人幾乎不讀書，但閱讀是公認能在其他領域中學習的最重要墊腳石。很不幸這些話對他們來說都是陳腔濫調。低收入戶的八年級生閱讀能力只有三年級的程度。對某些觀察者來說，他們展現的學校生活，真是蔚為奇觀。這種日子對孩子們來說沒有什麼展望，生活充斥無法避免的犯罪、毒品、暴力或意外懷孕。直到有一天，有位雄心壯志有遠見的教育家想到了英明的點子。有一個要招募八年級生去指導年紀比較小的孩子的計畫很快的發展起來。這個影響是立即且戲劇化的。導師們突然覺得比較有參與感、有能力、有希望感，一舉使他們從習以為常的失敗者成為有用的學習者。令人感到神奇的是，過去一度認為是最嚴重的個人劣勢，現在卻成為最重要的優勢了。

對多數教練來說，這種開發每個人個別才能與資源的想法應該是很讓人很熟悉的。事實上個案是有資源的，這些資產——不論是個人的、社會的或財政的——都可以被應用在工作問題、贊助去追求夢想上，也是有效的教練服務不可或缺的部分。艾力克斯·林立（Alex Linley）是英格蘭領導正向心理學的研究者，他認為優勢

取向是一種能自我幫助的取向，因為人會喜歡使用自己最好的資源[1]。不像克服脆弱的例子那樣，優勢取向是會激發動力挑戰我們最好的部分，應用優勢是有趣且有價值的。為什麼有這種狀況呢？有上百篇發表過的學術文章認為人需要和工作環境「適配」（fit）。使用個人優勢的機會，也許反映了環境是友善而非對人有敵意的。

但是，當許多經驗豐富的教練知道要尋找優勢時，他們並不總是用組織性方法去這麼做，也沒有系統性方法去應用他們界定出來的優勢。正向心理學最振奮人心的新領域就是性格優勢（character strength）的研究。傳統上在人的自然層次中，有像「優點」這種專門令哲學家感興趣且心醉的主題，性格優勢在正向心理學家與社會科學家的領域裡快速出現。單就過去五年中對性格優勢的界定、分類、評估、培養等就已經有重大突破[2]。在前面的章節裡，我們討論把優勢應用到生活新領域能增加快樂並且保護個案對抗壓力與憂傷的科學證據。正向心理學教練服務可以刻畫對疑問的新資訊，並有系統的協助個案建立個人資源。

使用優勢來激發和鼓舞人去行動的歷史，比正向心理學、教練服務、甚至比希臘哲學家們本身都來得悠久。從古代社會優勢的故事就已經發現通往現代之路。基爾加美什史詩、摩西五經的故事、尤里西斯的審判，都是超越肥皂劇娛樂價值的戲劇故事。在它們的核心中，這些故事是關於用性格優勢及個人優點超越原本一直折磨人類讓他難以生存的事蹟。摩西是有信心且激勵人心的領導者，尤里西斯面對困難時聰明且不屈不撓。我們發現每個例子都如此令人振奮、正中紅心，因為我們被藝術裡的主角所感動了。他們經常顯示一線曙光，訴說我們已經盡力了。也就是說有很多經典故事珍貴地吸引我們，因為故事與我們手邊可以使用的內在優勢串連在一起了。它們仰賴一般人的貢獻例如忠誠、智慧、勇敢等，經常在我們

的周遭可以看到。如果音樂天才莫札特的故事令我們對崇高的卓越感到敬畏，那尤里西斯堅忍不拔的故事也會激勵我們，因為它提醒我們每個人擁有的可能性。

聚焦在優勢上，不是只賦與希望的正向感或天真的、美式風格的盲目樂觀而已。謹慎的科學研究結果顯示善用優勢是邁向成功的路徑，成效會比試圖穩住劣勢來得更好[3]。例如 1955 年時，教育家在內布拉斯加州研究用不同方法教速讀的成效[4]。在這份研究中，不同閱讀程度的學生被分配到使用不同方式學習速讀技巧的團體中。雖然一般都會用不同方法來協助所有學生，但是在研究開始前就已經很厲害的速讀者，從平均程度相似的速讀者身上獲益的程度不成比例。這就在說，這個處遇比起想讓很差的速讀者變成中等程度來說，倒是讓原本就很棒的速讀者有了高比例的進步。這份有點反直覺的發現認為，聚焦在天生的優勢上會比只是匡正問題更容易獲得好處。事實上，像這類的研究是正向情緒的好處、正向社會聯結、開發優勢的重要性等科學文獻成長的一部分。專門以優勢為基礎的商業模式，很快就會在一間大公司想找到競爭優勢的領導者中發現支持者。正向心理學教練服務，尤其在它關心的優勢方面，可以提供個案某種明顯的優勢條件。

120

◎重點❶ 許多案例研究顯示，建立優勢會比只是改善劣勢來得更有效果。

但是我們要如何確切瞭解什麼才是優勢呢？是指有些人喜歡慢慢來，有些人認為準時很重要嗎？可能是有些人做出比較好的決定，有些人接受必須為困苦生活付出而有些人會抱怨？雄心壯志是一種優勢還是一種危險的毛病？當你花時間思考優勢的複雜性時，

這個主題就顯得很晦澀。為了回答這些重要的問題，對於沒有正規架構的優勢教練服務會出現的危險是「想也不想，說做就做」，不知不覺把個人價值觀強加在個案身上或是錯過讓個案珍惜的優點。很幸運的是，正向心理學阻斷許多受制於科學觀點的棘手問題，現在為教練的實務工作提供可以使用的正式架構。

一、優勢的背景

現代心理學最具抱負與成功的計畫是克里斯・彼得森與馬丁・賽利格曼在性格優勢方面的科學工作[5]。大約在同時，正向心理學運動的開拓者賽利格曼，為了對比史上把焦點放在憂鬱與棘手心理疾病而出名的知識，他開始注意《精神疾病診斷與統計手冊》（*Diagnostic and Statistical Manual of Mental Disorder*, DSM）這本主要用來診斷心理違常的分類法。在這一本厚重的書裡充滿對憂鬱、焦慮、精神分裂與其他心理違常的症狀描述。DSM 是精神科醫師、臨床心理學家、諮商師和治療師的重要資源。賽利格曼很有智慧的點出不只是心理疾病，心理健康也需要發展出一份人類優勢的姊妹分類法。他若有所思地說，如果我們瞭解好奇心、幽默感、感恩的徵兆和發展就像瞭解心理痛苦一樣多的話，這個社群看起來會如何？如果科學能為培養性格優勢及內在豐富度提供系統性瞭解與計畫的話，人類會如何獲益？

彼得森與賽利格曼在這條新途徑上的第一步在思考究竟是什麼構成了性格優勢。要如何分辨例如新穎電腦程式的學習技能、愉悅噪音的天分以及優勢這三者之間差別呢？彼得森與賽利格曼使用區辨這些資源的差別、可以用來評估候選優勢的分類系統方式建立了七項指標：(1) 優勢需要在人類的思想、行動或感覺中顯現出來；

(2) 優勢能為自己或他人帶來好生活；(3) 優勢除了產生想要的結果之外，還會在自身條件中被道德評價；(4) 個人展現優勢並非在貶抑周圍的人而是在提升他們；(5) 社會為培育優勢提供了機構與儀式；(6) 有相互認可的完美優勢（例如，人可以想到有美德的人似乎就是把這些性格具體化的例子）；(7) 優勢不能被細分成其他優勢才行（例如容忍力符合最多項標準，但事實上它是公平性與心胸開放之間的分支）。因此彼得森與賽利格曼保留例如感恩這種真實的優勢時，就排除了像唱歌能力這類技巧與天分。為了定義優勢而建立清楚的規則，讓研究者可以有系統的評估潛在的候選優勢。

舉例來說好比勇氣（courage）這項優勢。勇氣是面對恐懼、克服懷疑、甚至在面對不確定感時的行動能力。勇氣可以在很多方面顯現出來。它可以是英勇的，就像把車禍受害者從起火燃燒的車子裡救出來的旁觀者；它更可以是日常生活中某個決定自願演說的人，即使公開演講對他從來就不是難事。勇氣可以用離職、接受升遷、結婚或是搬到新城市來表示。不管特殊性為何，根據彼得森的判斷，勇氣是真正的人類優勢。它的優勢被廣泛地珍惜，它提升了其他見證者、它帶來了好的生活、很容易辨識出有膽識的人。把這一點和技能作對照時，就像是製造小提琴的能力一樣。製造小提琴是一項優質的手工藝，但是不具有優勢特色的證明。

> **重點 ❷** 優勢是個別的與相互的利益，而且可以在本身的條件中被評價。

彼得森與賽利格曼接下來開始進行定義優勢的龐大任務，適時包括對 DSM 的新對比。他們遍尋宗教經典、古代原文、哲學專論、現代小說、自助手冊，甚至——不論你信不信——廣受歡迎的

122

123

「銀河飛龍」（Star Trek）電視影集裡的克林貢人密碼。他們的目標是想用這些方法找出個案描述或期望的性格優勢。他們對歷史上與現代裡認為有價值的性格似乎很感興趣。他們好奇的去看跨越不同文化但同時存在的同類型優勢，也想看某個群體例如老人、女人或小孩的獨特性。經過研究相關文獻、和專家討論幾個月後，他們發展出一份初步的清單列出期望的性格優勢，然後刪除像是守時這種屬於當地文化而非普遍性的性格。

最後彼得森與賽利格曼發現他們列出已經存在、獲全球文化認可的二十四項性格優勢（表 5.1）。根據他們的瞭解，這些優勢組合成的簡易表上明列了最能被廣為接受與認可的人類美德。在梅爾森基金會（Mayerson Foundation）的資助下，彼得森與賽利格曼協助發展「評估效能研究所」。這個研究所剛開始的任務是透過彼得森與賽利格曼評估大範圍的人類優勢，發展出性格優勢的科學測量方法。他們努力之下的產物「評估效能優勢量表」（Values in Action Inventory of Strengths, VIA-IS），我們接下來會描述細節。瀏覽這份二十四項 VIA 優勢後發現，研究者做出一份好職業的目錄，編入了預期的目標。雖然優勢的具體化會因人而異，但是很難爭論說它們沒有跨足人類、文化及宗教信仰的廣大價值。這些都是正向的、吸引人的、極度與教練服務有關的優勢，沒有一個例外。

與個案一起使用優勢來工作會很吸引人，因為人基本上喜歡聽到他們擅長什麼、樂於聚焦在強項上，當他們花時間討論資源而不是個人不利的條件時就會使能量獲得提升。優勢的工作可以是無威脅性、具生產力且有趣的，第一步就是要朝著擴展個案資源的工具箱邁進。

◆ 表 5.1　優勢與美德的 VIA 分類表

知識的優勢：獲得和使用新資訊的優勢。

  1. 創造力
  2. 好奇心
  3. 喜愛學習
  4. 洞察力（智慧）
  5. 心胸開放

勇氣的優勢：在面臨對立時仍能維持意志力的優勢。

  6. 勇敢
  7. 堅定
  8. 正直
  9. 活力

人本的優勢：以他人關係為核心的優勢。

  10. 愛與被愛的能力
  11. 仁慈
  12. 社交能力

正義的優勢：在群體中支持著最恰當的互動。

  13. 公民權
  14. 公平性
  15. 領導力

適度的優勢：能保護避免過度。

  16. 寬恕／憐憫
  17. 節制／謙卑
  18. 慎重
  19. 自律

超然的優勢：與更大世界的聯結。

  20. 對卓越與優秀的感謝
  21. 感恩
  22. 希望
  23. 幽默
  24. 靈性

發揮優勢

應該要在這裡趕快提到文化面才對。很多人初次聽到 VIA 的介紹時，很自然想到這項測驗的文化效度。例如有人會想說如果這是一份真實的「美國人」清單，那就只反映西方的價值。本書作者（RBD）主持一項研究，把 VIA 項目隨機呈現給不同文化的成員——有美國大學生、肯亞農村的馬賽部落人、北格林蘭伊努伊特獵人[6]。研究者要求參與者評估每一項優勢有多重要、哪些是他們希望孩子可以擁有的優勢、哪些是文化機構可以培養的優勢。令人驚訝的是，每個案例都想要具有 VIA 優勢，而獲得高度同意。

那意味著發揮 VIA 時，有其他重要議題應該要先瞭解一下。第一，多數文化成員都同意 VIA 項目的可取程度，但並非所有人在討論它們時都一樣自在。英國在舉辦正向心理學與教練服務工作坊時，本書作者發現「英國人的保守」會是絆腳石，模擬的個案很勉強的公開討論他們的優勢，可能是太在意不經意中被視為自大的問題。身為教練，記住個案的舒適區是很重要的，要溫柔的順應個案敏感區域而行走。在我們的經驗中，雖然只是承認文化差異，在會談期間讓個案可以用非典型的方式創造自由開放談話的「在地文化」，就可以有效克服文化上的勉強感。根據我們的經驗，在英國只要簡單的說：「我知道這樣做可能會讓你覺得很奇怪，就好像你在吹牛一樣，但是我向你保證我不會這麼想。」就足夠了。

> ◎**重點 ❸** 雖然普遍同意優勢是可取的，但並非每個人在談論個人優勢時都同樣自在。正向心理學教練需要創造出一個可以討論優勢的安全環境。

除了優勢的明顯效益外，優勢也會用不明顯但同樣重要的方式 126
來運作。當我們在人際關係及工作中培養天分、使用優勢時，會經
常受到這些事情的鼓舞。維吉尼亞大學心理學家強‧海德特（Jon
Haidt）主持一項他稱之為「振奮（elevation）」的情緒研究[7]。海德
特表示，振奮是優點出現時能量向上提升的特殊感受。這就是當人
們讀到刻在林肯紀念館牆上的「蓋茨堡演說」經歷到的敬畏感；當
你想起泰瑞莎修女就突然有一種寬宏大量的感覺，或是看到馬丁‧
路德‧金恩領導示威遊行隊伍，橫跨愛德蒙佩達司大橋的照片時經
歷到的敬畏感。振奮不只是好的感覺，而且對個人、對群體都是有
益的。海德特說，經歷到振奮的人比較可能會感覺正向並且樂於助
人。也許振奮允許我們看見什麼是可能的並且驅使我們去行動。因
此，當我們在公開場合例如職場使用我們的性格優勢時，每個人都
會受益。

> ◎**重點❹** 使用性格優勢不只讓個人更有效能，也會對其他人有正向影
> 響。

二、評估個案的優勢

正向心理學開始出現最有價值的貢獻，就是發展出性格優勢的
系統性評估。這個領域的進步說服教練讓他們特別感興趣的部分是
帶出更謹慎的能力，所以可以更有效能地應用在職業中。在過去，
教練基本上會仔細傾聽個案的優勢、天分、資源，鼓勵個案用這些
來追求目標。當這個取向紮根在正向心理學好處上出現直覺的領悟 127
時，留下了很多機會及憶測。使用正式評量來檢測個案優勢的教

練，現在可以比較瞭解優勢星座會如何適配在一起並決定它們的有效程度。還有，正式評估通常有個好處是可以從個案身上更有效地徵求資訊，這樣會比一位教練在會談中能做到的還要多。例如考慮使用 VIA-IS（接下來會描述），花四十五分鐘，針對個案做得最好的部分詢問二百四十題強而有力的問題。根據我們身為教練的經驗，這會比我們最好的晤談表現來得更棒。

（一）評估效能優勢量表

VIA-IS 在測量優勢方面很快就達到藝術地位，因為這是由人數多到令人震驚的全球人類共同完成的（世界上已超過三百五十萬人使用，而且仍在持續增加中）[8]。這項評估是一份共有二百四十題自我陳述的問卷，要用李克特氏量表報告他們對二十四項優勢的認同程度。這份測驗的長度要花大量的時間來完成（大約四十五分鐘，根據受試者閱讀速度及網路連線的速度而定）。VIA-IS 的好處是，它是免費的網路測驗所以個案可以在任何時候進行又不用花一毛錢。VIA-IS 另一項好處是它只產生正向回饋、列舉個案擁有的優勢，而不是列出需要發展的部分。這樣一來，比測量憂鬱症或其他普遍的弱點來說，VIA-IS 更容易被個案接受。

優勢研究者朴蘭淑（音譯）（Nansook Park）認為，VIA-IS 主要在注意個人的優勢，把優勢與個案身上其他已有的優勢作對照，而不是拿去和別人的優勢做比較[9]。基於這一點，朴蘭淑告誡我們，要極力避免把優勢當作比某人聰明或比鄰居更有好奇心的一種競爭。VIA-IS 不像智力測驗會把人用整體百分等級去排列，卻可以用來有效的界定「特色優勢」（signature strength）。獲得認可的優勢是指個案能夠很自然引發且普遍使用的優勢。VIA-IS 有時候可以幫助個案找出可能被忽略的優點。VIA-IS 能找出受試者五項

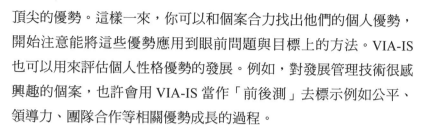

頂尖的優勢。這樣一來，你可以和個案合力找出他們的個人優勢，開始注意能將這些優勢應用到眼前問題與目標上的方法。VIA-IS 也可以用來評估個人性格優勢的發展。例如，對發展管理技術很感興趣的個案，也許會用 VIA-IS 當作「前後測」去標示例如公平、領導力、團隊合作等相關優勢成長的過程。

克里斯‧彼得森也指出 VIA-IS 其他很棒的部分。當他注意成千上萬受試者的資料時，他看到某些優勢有群聚在一起的趨勢 [10]。也就是說，人在某個優勢上得高分，就不太可能在其他優勢也得高分。例如一個有高度「好奇心」的人，基本上不會在五項高分的優點中也有「慎重」這一項。可能好奇心會迫使人向前衝，慎重則反對猛烈的找出新事物。不管原因為何，彼得森發現例如把創造力、好奇心、勇敢等和自我有關的優勢評為高分的人，比較不可能在以他人為焦點的優勢上評為高分，例如公平、領導力、團隊合作等，反之亦同。同樣的，例如在心胸開放與自律這種「理性優勢」評為高分者，就不太可能在感恩與虔誠這種「感性優勢」上評為高分。這並不表示個案就一定不能同時擁有這兩種優勢——他們當然可以擁有——但不代表這是優勢群聚在一起的趨勢。因此，如果個案在仁慈優勢得到高分，即使她並未提到其他優勢，你可以預期她在寬恕與團隊合作優勢上也會非常高分（圖 5.1）。

VIA-IS 可以在網路上存取使用：www.viastrengths.org。

（二）蓋洛普優勢探索量表

129

「優勢探索量表」（Strengths Finder）是蓋洛普組織發展出來的評估工具廣泛運用在組織體系中 [11]。事實上，蓋洛普把優勢探索量表當作與國際公司合作的墊腳石，用優勢觀點協助他們統馭員工。蓋洛普在聘任員工過程中使用優勢探索量表，我們還沒遇過任何一

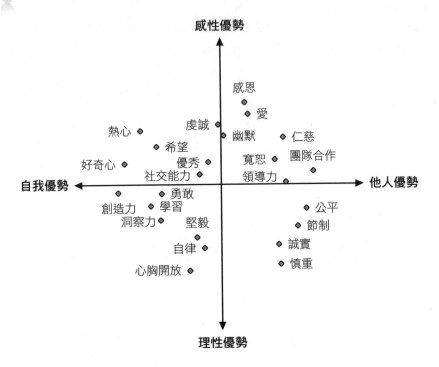

❖ 圖 5.1　性格優勢權衡圖

　　備註：比較遠的部分代表兩項極端的優勢，習慣上同一個人比較不可能同時
　　具備二者。

位蓋洛普員工會對工作場域非常不滿意的。同樣用一些方式進行
VIA 評估，優勢探索量表測量個人與三十四項普遍主題的天分，
例如有沒有競爭傾向或是贏過他人的天分。但是因為它是一份在職
場中使用，也是為了職場而發展出來的測驗，優勢探索量表包含
的項目比 VIA-IS 更容易轉譯給組織體系使用。優勢探索量表是一份
網路問卷，內有一百八十題，需要花大概四十分鐘完成。蓋洛普組
織擁有這份評估工具，它可以在網路上購買：www.strengthsfinder.
com。

三、善用優勢的處遇方法

雖然多數教練瞭解界定與駕馭優勢的基本重要性，但是未必所有人對這麼做的好處都會有清楚的想法。在這個部分，我們對於把目標放在強調個人資源、把個案放在與自我相關優勢上的處遇方法提出幾項建議。這些處遇方法在幫助個案進一步培養優勢也會有用。從初期的發展以及對學習課程的研究結果發現優勢是可以培養的，花時間發展優勢的個案比較可能在不同生活向度上獲得成功。還有，賽利格曼與同事實徵性檢測兩種和處遇有關的獨立優勢，看看有什麼效果[12]。結果，這兩項對人使用 VIA-IS 界定特色優勢都有幫助，而且將這些優勢應用到生活裡會提升幸福感。

（一）界定與討論特色優勢——使用 VIA-IS

教練可以把 VIA-IS 合併為初次會談歷程的一部分，或是稍後在會談關係中，當界定優勢的需求變得更明顯時再介紹個案進行評估。討論測量結果通常是一種讓個案成長及改變的催化劑。還有一項替代方法就是在網路上進行測量，對個案呈現——不論是當面、透過傳真或電子郵件——VIA 優勢清單，要求他們界定出一或兩項可以引發共鳴的優勢。這些優勢可以應用到現在教練服務的議程中，就像下面的互動實例一樣：

131

教練 ：潔西，妳提到想要談談工作的處境……

潔西：是啊，是我的新老闆。她很糟糕。我需要使用投影機時她不准，還一直偷偷觀察我做事、盯著我的一舉一動。

教練：聽起來她很嚴厲。

潔西：確實是啊！

教練：妳曾經表達過妳的不滿嗎？

潔西：沒有，我只是……忍耐。

教練：當我聽到妳說「忍耐」時，對我來說，這聽起來像是妳不屈不撓。好像妳有能力忍受一些艱難。

潔西：是啊，我也這樣認為。

教練：如果我們討論一些其他的優勢，可以嗎？有任何妳可以用在這個情況裡的點子嗎？

潔西：當然有。

教練：我用電子郵件寄一份優勢清單給妳……現在在妳面前有這份清單嗎？

潔西：我確定有。

教練：太好了。妳可以花時間仔細看一下、選出一兩項真正貼切形容妳的優勢嗎？

潔西：它們看起來都是啊！（笑出來）

教練：好極了！

潔西：我想，好奇心和幽默感非常適合我。

教練：對我來說，這聽起來是對的……以我對妳的理解，這是事實沒錯。其中——好奇心或幽默感——為了要應用到新老闆這種處境中，哪一項會是妳想討論的呢？

132

潔西：有啊。好奇心。

教練：妳現在會想怎麼應用呢？

潔西：嗯……我想，對我為什麼沒有坦白說出自己的想法感到好奇。大概就是說說話吧。

教練：這很有趣。

潔西：我想這是因為我希望事情自己會改變。她〔老闆〕會適應她的工作，成為比較好的管理者。現在我想起這件事情的時候，我對她的觀點也有些好奇。

教練：妳的意思是？

潔西：我想我對她怎麼看待辦公室事務感到好奇，她只是用自己的方式去學習而已。也許她需要或想從員工那裡接收訊息。也或許不是這樣子。

教練：如果給她這個回饋，會讓妳覺得舒服嗎？

潔西：嗯，我想會吧。特別是如果我能用我的幽默感減輕這個麻煩議題的話。

教練：現在妳就在應用妳的優勢了。做得好！

（二）培養好奇心

　　教練可以和個案合作，協助他們創造活動和情境，提供增加個案內在好奇心的最佳機會。好奇心通常伴隨新奇、複雜、多元或令人驚訝的感覺。教練服務的處遇會用活化個案好奇心的新鮮感來取代熟悉感，把新生活（像是玩耍、同理心與其他優勢）吸進舊情境。個案被困住或不能對問題看到清楚的解決方法時，在這些狀況下這樣做就會特別有用。身為教練，要提供個案一個「新的天使」，詢問他們是否願意「扮演」一下。如果他們答應使用這項處遇，就能從其他參與者的觀點詢問個案接近情境或問題。例如，如果他們在平衡工作義務與家庭生活之間有困難，那就邀請他們從上司或孩子的觀點來思考這個處境。花些時間要求他們描述特別的細節、情緒或渴望去增長這個觀點。這個策略能有數不清的變化，例

133

如要求個案討論他們在二十歲的階段對問題會採用的理論取向，或是要求他們想像一下正在和競爭對手協商的情境。每個例子都在創造一種遊戲的氣氛，鼓勵個案去想「假設」的問題，這樣做能幫助個案創造向前的動力並引出新洞察。

（三）尋找幽默感的機會

這是事實：幽默感能帶給我們好心情。從電視喜劇到印度的歡笑俱樂部，幽默及歡笑對健康和幸福有正面效果，這已經不是什麼祕密了。很不幸的是，在嚴肅的職場世界裡以及婚姻家庭的挑戰間，我們通常把幽默歸類為暫時的「休閒時光」。我們建議人要找出更多方法把幽默併入日常生活中。不論這表示在工作時要找到「辦公室的開心果」、每天寄一封笑話的電子郵件或是閱讀大衛·貝里（Dave Berry）的新聞專欄，還是要用小技巧將趣味與歡笑放入可以轉換成正向感受的日常活動中都好。有一位把遊戲特質評為高分的女性個案，對自己是否要更武斷一點感到很掙扎。其實她正在使用能為工作帶來好處的優勢。身為十二位職員的主管，她在用餐時很難不被與工作有關、急迫的新事件打擾。她很難有時間停下腳步，但是最後她發現透過幽默感會使問題變得很容易對付。她把員工集合起來，向大家展示達斯·維德（Darth Vader）的照片，他是「星際大戰」（Star Wars）裡聲名狼藉的惡棍。她告訴這群人：「當這張照片貼在我的門上時，你最好不要打擾我，不然我會對你使用暴力喔。」她用幽默的方式表達嚴肅的觀點後達到了效果。

134

雖然針對個案的優勢進行教練服務是一件好事，但是我們想告誡你要反對過分簡化的優勢觀點。回想並質疑一下優勢如何有效、它們如何使用最好，這會很有意義。VIA 分類系統是很棒的工具，但是深入看見優勢在真實世界中執行的方式可以協助你對個案進行

合理的評估。雖然 VIA 界定出五項高分特色優勢，實際上優勢很少被單獨使用。例如，一個勇敢的人也可能是好奇又有創造力的，這項特殊的優勢會依據和勇氣、熱情等結合而出現差異。此外，鼓勵個案建立多元的優勢而不要聚焦在單一優勢上，這是最有智慧的了。就像個案會一起運動上半身與下半身一樣，注意多項個人優勢才會確保發展出完整的潛能。最後，界定與發展優勢只解決一半問題而已。

終究你的個案必須有效使用優勢才行。優勢的呼喚並不總是清楚的，所以要思考如何把優勢用得淋漓盡致。你曾經給予一個出於仁慈但卻不誠實的讚美嗎？你曾制止過自己天生的好奇心嗎？正向心理學家貝利‧史瓦資（Barry Schwartz）與肯尼斯‧夏普（Kenneth Sharpe）認為，實踐的智慧是辨識如何與何時將優勢發揮得最好的必要條件[13]。在《快樂學研究期刊》近期的文章中，史瓦資與夏普論述，要理想使用優勢必須衡量三項考慮：關聯性、衝突性、特殊性。也就是說要考慮決定在某情境中使用（或不使用）哪一種優勢、優勢的差異會如何和其他優勢造成衝突，針對眼前的特殊情境要如何量身訂做優勢等都是有意義的。史瓦資與夏普說服說——我們也同意——從優勢中獲益最多的部分就是大量累積的經驗。詢問個案成功使用優勢及那些曾經失誤的時刻，都是在提醒他們累積智慧的最佳方法。

（四）善用自己的優勢

當 VIA 評估方法對你來說還是新鮮事的時候，循著個人優勢進行教練服務的想法可能已經是令人熟悉的版圖。優勢是我們的專業進行交易時的龐大庫存品，就像目標一樣。教練訓練課程就像所有教育與專業背景的教練一樣，贊成個案擁有許多可以用來克服問

135

題與用來成長的資源[14]。事實上，這個觀念會深根柢固是因為多數教練把工作當作是聯結個案與個人優勢的歷程、協助個案追求成功時能做出使用資產的最佳抉擇。然而，把我們的焦點放在個案身上有時會有風險。雖然許多教練會被激發非凡的同理和憐憫，但是這種感覺卻會導致我們忘掉自我。教練需要成長、成功並且努力朝目標邁進，就像個案一樣。我們多數人有某些目標是很專業的，我們嚮往成為更好的教練、更有見識的商人、更可靠的人。只要注意個人優勢就可以為個案開啟門鎖；檢視、發展與使用優勢會是通往成功的鑰匙。我們相信對教練來說，個人成長與專業發展的最大潛能區之一，就是界定並評估貼近自己的個人特質資源。

舉海蒂（Heidi）的例子來說，她是一位相當有經驗的教練，而且通過兩項我們曾經介紹過的合格教練訓練課程、有過處理三個個案的新手經驗。雖然海蒂嘗試要和個案愉快相處，但是她提供的支持與鼓勵經常不太正確。雖然海蒂深度關懷著個案，甚至欽佩他們並希望他們能成功，但她仍會覺得她的「振奮性引導」（cheerleading）用得很勉強。當她覺察到專業的絆腳石而向同事尋求諮詢時，她得到非常好的忠告。海蒂的同事建議這位情緒翻騰的女人降低高能量的活動，試著找出比較適合她人格特質的服務方式。海蒂思考這一點後採用的方法是——私底下——把要給個案用的量表拿來給自己做。最後，海蒂瞭解雖然她會冒著被視為「冷靜」的風險，但是她在讚賞個案時保持非常開放的態度。海蒂允許自己用安靜而不是機關槍的方式說話，她只是對個案的創意和雄心壯志感到好奇而已。個案立刻注意到差別，他們說覺得被她的好奇心所鼓勵，就像她早先給予活力充沛的支持一樣。海蒂評估自己的優勢，以一種可靠的方式來應用優勢，有改變就代表在專業發展中前進了一大步。

海蒂的案例，證明所有教練都有想要努力變得更好、接近同儕以獲得回饋和支持的重要議題。英國與澳洲有很多教練，特別是那些臨床心理學背景出身的人，通常會勸告教練要持續接受督導[15]。事實上，督導是「國際教練聯盟」認可課程必修的訓練之一。但是，一旦教練「畢業」取得資格後會發生什麼事呢？成長就此結束了嗎？參加學習新技巧的相關課程就足以保證我們盡力了嗎？因為教練服務是一項可以十分獨立、可以在家門外執行個別教練服務或是在安靜的辦公室裡私下進行的活動，所以很難評估我們在會談中能否一直做出對的選擇、詢問最有力量的問題，或是用別的方式對個案提供最佳服務。很多經驗豐富的教練會鼓勵多元的同儕互動形式，提供我們挑戰、鼓勵、使我們有理想表現。這點包括從更具經驗的教練那裡持續接受督導、參加討論困難個案的教練同儕諮詢團體，或是向你自己的教練提問。

　　另一個成長的豐富之地、也是經常被忽略的地方，就是找出我們自己的優勢，並確保把它的功能發揮到最大。這一點可以用很多方式辦到。最明顯的方法、也是本章的核心課程，就是使用 VIA 評估量表當成有系統的儲存自我優勢的方法。雖然我們喜歡把自己想成是聰明、有趣、好奇的，但是 VIA 可以協助我們突顯已有的大量優勢，在和他人互動時能成為自然詞彙的一部分。我們多數人都有抓住特質資源的直覺，但是 VIA 提供我們清楚的聯結與科學實證的回饋來增強、擴展這些隱微的直覺。例如，如果欣賞這些對我們而言是第二天性的優點而且在會談中使用，它就會造成重要又微妙的差異。天性機智又有玩心的教練對開玩笑或和個案一起娛樂並不會害羞。樂觀的教練可以用出其不意的方式引發討論困難問題的希望感用來服務個案。在感恩方面評為高分的教練，比較有可能和個案分享合作的好處、個人會經常獲得多少幫助來振奮個案。最

後，教練服務是一種伙伴關係與人際關係，很適合專家花時間思考關係能帶來什麼貢獻。

很不幸的是，對我們多數人來說要「坦誠」優勢卻很困難。很多文化都禁止高傲的態度，我們經常被警告要遠離自負的危險。心理學家馬丁・賽利格曼說，社會通常為人類提供太少機會，無法抓住品嚐機會的最佳特質[16]。這些不幸不只是因為承認優點可以使我們快樂，也因為與別人分享我們的優勢時，可以用來鼓舞與提升別人。然後，如果我們知道了優勢，又要如何給自己應得的信任呢？要如何慶祝最棒的部分而不會表現出傲慢呢？某些人，包括賽利格曼，建議創造一個可以公開討論優勢的環境。

這裡有一個「優勢介紹」（strengths introduction）的例子。當我們遇到人，不論是在宴會上、在飛機上或是在初次會談中，我們會詢問社會常規的問題例如調查一下家庭與工作狀況。我們很少會用「哈囉，我是大衛，我非常聰明與仁慈」來介紹自己。但是這項徹底違背規範的情況正是「優勢介紹」要我們做的。這種介紹要求我們標示優點，或是說出一個能證明我們在生活裡盡全力的故事。在這些條件下，人可以自由談論如何在路旁翻覆的卡車中救出傷者，把大筆款項捐給慈善機構或原諒不忠貞的配偶。當然，這些都是探討我們要超脫的個人議題，我們也被教導要如何與人互動。因為這一點，工作坊領導者及教練使用這個練習時，必須要小心地創造信任的環境，要公開承認有時自誇在這個情境中是合情合理。參與這種練習的人通常會經歷到釋放及提升。他們會對自己有好感，也被他人鼓舞。對於在意自己要有樂觀表現的專業來說，藉由提供個案一些感覺與行動的例子來介紹優勢，能為稍後的會談設定好工作階段，就好像提供清楚的例證說明個案可以有偉大作為一樣。

另一方面，教練可以使用個人優勢助長我們的專業發展，努力反映個案在會談之外的優勢。雖然極力強調要在專業中保有個案的議程、為當事人創造瞭解自己對問題的解決方法，但是有時候很難做到。不論我們多麼具有同情心或多麼慷慨用心，不論我們多麼喜歡或尊重個案，都會出現我們無法同意個案的時候，最明顯的時刻是我們不同意或懷疑他們選擇的策略。通常，這些只是表示我們想要把自身價值強加在個案身上的例子，但是有時候我們也會擔心個案對我們做出保證的效果。教練是人，如果我們夠誠實的話，其實我們都曾有過在會談結束後感到懷疑的經驗。有時候我們會若有所思的說我不相信個案說的事情；或是我們想知道個案在選擇目標時是否選錯了。

在一些案例中，儘管我們違背了善意或是擔心個案會做出後果不堪設想的決定，我們仍會審判個案。我們要如何處理這個矛盾呢？我們要如何列出自身的價值又不會覺得犧牲某些相信的事物？當我們不喜歡個案的時候要如何處理？有一個處理這些膠著議題保證有效的策略，就是去反映個案的優勢。教練仔細聆聽優勢通常很容易列出個案的才能。我們發現使用這些專業並且有系統性的應用就會很有效了。對每一位個案來說，我們都可以列出一張清單，寫下真正喜歡他（她）的部分——優點與令人欽佩的特質。當我們有時間（我們試著找出時間）時要在每一次會談前花幾分鐘瀏覽這份清單，提醒我們自己個案有多麼棒、我們為什麼樂於和他（她）合作。深思這些優勢能允許我們用正向的方法重新框架負向的判斷，把我們的注意力放在人並非本惡、完全不道德、困惑或做錯事上。雖然這是一個簡單的練習，但是教練可以使用個案的優勢維持同理心，持續提供最佳服務。

140

正向心理學教練的行動步驟

1. 想一想你過去如何發揮優勢的方法。你如何找出個案的優勢或鼓勵個案使用優勢呢？你從本章中學習到什麼、它會如何影響你未來在這個領域的工作？你在何時、又會如何針對個案的優勢加入 VIA-IS 這種正式評量方法？

2. 想一想你的教練服務會談宗旨以及教練服務發生的整體環境。空間設備會如何促使或禁止談論優勢的自由度。為了創造一個自然、可以被人接受的環境談論優勢，你需要做些什麼？

141

延伸閱讀

1. Aspinwall, L. G., & Staudinger, U. M. (2003). *A psychology of human strengths: Fundamental questions and future directions for a positive psychology.* Washington, DC: American Psychological Association.
   這本選輯包含優勢的重要性、個別優勢的討論，以及駕馭優勢等章節。

2. Buckingham, M., & Clifton, D. (2001). *Now, discover your strengths.* New York: Free Press.
   這本書挑戰讀者對自我優勢掌握所有權。

3. Peterson, C., & Seligman, M. E. P. (2004). *Character strengths and virtues: A handbook of classification.* Washington, DC: American Psychological Association.
   這本是優勢的 VIA 分類手冊。

6 個人優勢的教練服務

你想先聽好消息還是壞消息？我們就先看不尋常的壞消息，好讓我們待會可以品嚐一下好消息吧。壞消息是，駕馭個案優勢這個想法已經不是什麼新鮮事了。幾十年來，經理人、顧問、老師、諮商師觸發個案的個人優勢以幫助他們達到目標。舉領導力的例子來說，優勢的成功關鍵存在於許多生活領域，尤其在商業界裡特別重要。想幫助人找出並發展資產能力撰寫而成的商業、生涯書籍，現在在市面上很盛行。有些人會將領導力視為一系列的技巧，如武斷、雄辯、情緒智商。其他人把領導力當作天生的個人特質，例如魅力。但是，不管領導力被定義得多好，人們對它是什麼、如何發展到最好、如何使用等，都已經想得很清楚。尤其，教練詢問個案做得最好的部分並鼓勵他們再多做一點，這已經形成有力的傳統。

好消息、也是以優勢為本的教練服務所關心的是，正向心理學為思考優勢以及為優勢工作提供動態的新型分類法。最後，帶著「評估效能」（VIA）的觀點，我們有一項量化的方式鑑定最棒的個人資產[1]。就像我們在前一章裡討論過，VIA 不只是好特質的簡易清單而已。VIA 使用科學方法，取得經全球評估證實賦有重要正確性的優勢。不只那樣，VIA 也讓我們注意到優勢會按照主題聚集在一起並可用來區隔明顯生活向度的這個事實。有一些 VIA 的優勢——例如公平、好的公民權——都在關心正義原則，其他優

勢——例如愛、仁慈、社交能力——是首要的社會本質，還有別的
優勢——例如心胸開放與好奇心——則是個人的部分。事實上 VIA
提供了概念框架精準看待優勢的結構，因為它把優勢加以分類了。

　　看待個案優勢有兩項常識性方法，就是根據個人內在向度與人
際向度來思考。個人內在優勢是出色的隱性個人資源，每個人都可
以把它用在廣泛情境中。當我們談論令人敬佩的對象時，我們經常
會把焦點放在這些人的自我內在的貢獻上，例如智力、智慧、奉
獻。創造力經常是最容易辨識的個人內在優勢。人會因為創造力被
雇用，這項天賦同時可以應用到工作與家庭問題上。但是正因為經
常如此，所以人際優勢很容易被忽略。就以好奇心為例，你很可能
從來沒聽說過有人因為天生的好奇心而得到夢想中的工作，或是應
用天生愛打聽別人隱私的個性阻止了和配偶之間的紛爭。但是花一
點時間思考一下好奇心，實際上它是多麼豐富的資源啊。雖然會得
到負向的壓力（愛管閒事往往惹來一身麻煩），但好奇心與多元、
渴望的心理結果有關。好奇的人傾向成為學習者、渴望吸收世界的
新資訊。好奇的人常常是心胸開放的。好奇的人傾向快樂、有能
量、通常是聰明的社會探索者。例如，想一想上一次你和天生好奇
心很重的人共進午餐、詢問自己在乎的事情的時光。你可能會覺得
傾聽很容易做到的，所以很容易和對方建立友誼。

　　正向心理學研究者花了幾年時間用科學檢視個人優勢，做出超
越常識或直覺延伸的結論。技巧良好的教練擁有一份直覺創造力和
智慧是值得慶祝的特質，但是我們之中有多少人會花時間詢問該如
何理想的使用優勢呢？例如，好奇心如何幫助個案面對主管，哪些
方法會阻礙她？她是不是太過好奇了？生活領域中有沒有什麼是不
該好奇的？好奇心和注意力分散有關，它會使人中斷學習嗎？或者
好奇心與學習有關，有高度興趣的人需要大量閱讀才能獲得知識？

145

在很多案例中，針對個人內在優勢所做的研究為思考個人資源提供刺激的新方法。

　　然而，許多人際優勢可以幫助我們在家庭、群體與團隊中有效能的進行工作。社會優勢一般被十分狹窄的方式看待，人會把焦點放在社交能力與社會關係上，例如情緒支持、建立團隊與領導力。可以確定這是有價值的主題，也值得予以注意。人際優勢會在很多人的心理雷達偵測下大量湧出。我們都可以辨識出具有社會美德的模範生，這些幸運的靈魂有著魅力、寬恕和憐憫的本事。在這一章與下一章裡，令人興奮的正向心理學研究發現使我們呈現多種美好的個人內在與人際的優勢。

一、個人內在的優勢

146

　　個人內在的優勢，經常會隱藏在個人內在深層的某處，就像這個字眼本身的涵意一樣。不像其他閃耀的社會優勢那樣，個人內在的優勢不總是透過行為而顯現。你的妻子、老闆或同事都可以坐在大廳裡使用重要個人資源，即使他（她）外表看起來只是坐著凝視窗外而已。這是因為很多個人優勢存在於思考與感受的層次，而不是存在於行動層次中。它們可能會引導行動，但在那一刻出現時並不總是這麼容易辨識。

　　「復原力」就是個人優勢的完美例子，它是指維護內在安全感的主要運作機制。遭遇悲劇的人經常會使用創造意義這項必要的心理體操而最後克服痛苦。但是根據局外人的觀察，這個歷程通常是私人的、難以接觸到的。事實上，從困境中跳脫的經驗經常甚至對忍受困境的人來說是不怎麼愉快的。每個遭受考驗的人都會花時間問「為什麼」，會投注能量找出經驗中發生什麼好事，最後許下心

理承諾要用某種符合學到教訓的方式，改變習慣與行為。但是，即使這個歷程對所有人來說很普遍，多數人基本上無法找出不同的復原階段與復原策略。另外，心理科學提供清楚的理論與答案，能幫助你向個案述說個人內在優勢並且拿來進行服務。正向心理學的偉大成就在於研究者帶給我們心智優勢機制的一些洞察。

（一）時間導向

當我們使用「認知優勢」的時候，心中會浮現什麼？如果你像多數人一樣，你可能會想到典型的「心智優勢」，例如智力、記憶、注意力和其他和思考有關的才能。基本上人只會在幾個向度上評估思考力，例如他們有多少經驗、他們想得多快，或是他們在語言使用上有多清楚。但是對那些被忽略的認知優勢該怎麼辦呢？如果是良好的方向感呢？那不是另一種認知優勢嗎？就像你認識某個人不論在西方或北方旅行，似乎總是能輕易認出周遭世界的方位。那其他的認知優勢呢？擁有良好時間感的人又怎麼說呢？時間，就像研究證實的一樣，是所有心理學研究中最迷人的變項。

人有時候會說「當下那個時刻」或「夢想未來」。每一項都是和個人時間感相關的技巧。很幸運的是，時間感似乎是一種可以發展的技巧。想一想小孩子的例子。兒童都是存在於當下的時刻中，很難參與未來的時間感。每一個被「上床時間到！」這個字眼嚇到的孩子會出現垂頭喪氣的表情與難過的抱怨，這都是讓人熟悉的景象。這個議題的核心代表一項事實，「上床時間到！」會把孩子從現在的行動之流中抽離，提醒他們在最接近的未來要做出掃興的行為改變。但是當孩子漸漸成熟、發展了未來感，這就成為一項在計畫與堅忍不拔核心裡可怕的能力。許多心理學經典研究會使用延宕

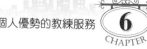

滿足的方式在實驗中給孩子兩種選擇，現在就吃一片餅乾或是稍後再吃就會獲得兩片餅乾。很清楚的是，抱持當下快樂主義者的控制能力和針對未來結果的理解力有關。因此，時間感在日常功能中扮演了微妙但強而有力的角色。

位在加州大學夫勒斯諾市的社會心理學家羅伯特・李維（Robert Levine）把生涯都貢獻在時間心理學的研究上[2]。對每個要旅行的人來說，準備好拜訪紐約市與中國鄉間其實會有步調上的差異。有些地方要用極危險的高速來移動、有些地方則可以獨自漫步。李維用時間感向度研究生活步調的差異，例如人在大都市走路上班、要花多久時間才會放棄等待同事出現。結果證明就某部分而言，等待時間的長短是文化產物。有些人會堅持等待、有些人只等一下下。根據李維的研究，住在美國的人潛意識裡認為五分鐘是一個時間單位，許多人願意等三個時間單位，也就是十五分鐘。和中東文化相比，他們的潛意識倒認為一個時間單位是十五分鐘。人們同樣等待三個時間單位，卻要換算成四十五分鐘。李維也注意到匆匆忙忙會對健康有影響。在最後的觀點中，李維用一個能說服人的案例說明緩慢的生活步調對你的心臟比較好。

在相同的傳統中，史丹福心理學家菲利普・金巴度（Philip Zimbardo）的研究稱為「時間觀點」[3]。時間觀點，簡單說就是人花在過去、現在與未來的生活時間總和。例如，你會想起有人總是在計畫未來、沿途參與好事或壞事。或是你可以想到極為融入當下時刻的人，因為如此投入而無法覺察到未來。金巴度說，一個人過去、現在、未來的時間導向，會產生心理健不健康的差別。在時間觀點的研究中，金巴度與同事發現抱持單一時間觀點的人會有下列特質：

148

- 過去導向的人，典型的把焦點放在文化傳統、家族歷史、個人生活故事上。這些人有念舊的傾向，回憶可以帶來極大的喜悅感和活在有意義生活中的價值感。但是這點只有把焦點放在正向事件上才有用。對於會思索負向事件的靈魂來說──金巴度指的是「過去的負向」而非「過去的正向」──改變經常是令人望而生畏的，這些人具有心胸封閉並且沉思的特質。

- 現在導向的人，金巴度說有兩種類型：活在當下的快樂主義者與活在當下的宿命論者。在西方文化裡，傾向生活在當下的人都是追尋快樂、崇尚高度激烈活動的人。金巴度與同事研究發現，這些人比較可能嗑藥、酗酒及抽菸。他們通常很有趣，但是也傾向不管未來的後果。宿命論者雖然活在當下，但是他們相信生活事件會超出個人可以控制的範圍。更確切地說，他們比較可能在目前的生活中被淘汰，這種時間導向經常會讓活在當下的宿命論者感到焦慮與憂鬱。

- 未來導向的人，是尋求目標的計畫者。他們很自然的實施成本效益分析、延宕滿足、創造具可能性的計畫。他們傾向活得成功與積極。另一方面，太過未來導向會使人因為無法達成目標而出現情緒感受，反而忽略或失去當下的快樂。

就像你預期的一樣，金巴度提倡的是平衡的時間導向。正向心理學家埃羅納・波尼維爾（Ilona Boniwell）寫過一篇文章，評論金巴度認為平衡對心理健康很重要的觀點。文章的涵意是：回顧過去美好的時光、感謝現在、計畫未來，這不只是讓家庭和工作成功的訣竅，也是快樂的訣竅。甚至，其他研究者採用「時間競爭力」的想法，把平衡觀點連結到高成就、自我控制及樂觀主義。想像一下，如果有一個個案不只是平衡過去、現在、未來，也能駕馭與

這三項有關的正向優勢，這位個案就能夠有效地儲存過去、享受現 150
在、維持對未來的希望感。甚至有一份小型但還在發展中的研究認
為，這一類的人可以獲得豐富的收穫，包括高度的生活滿意度、快
樂、樂觀的行使功能。這一章提醒我們，要努力發展與過去、現
在、未來導向有關的三種個人內在優勢。

> **自我提問** 你的時間導向有多麼平衡呢？你活在當下、回憶過去或計畫
> 未來的時間有多少？你特殊的平衡感會如何幫助你或阻礙你？

（二）品嚐滋味

「品嚐滋味」（savoring）可能是與時間導向最相關的單一項性
格優勢了。雖然我們經常把品嚐當下的滋味想成當下享樂的行動，
例如在大公司的豪華餐廳享受大餐，它其實是一種延伸過去與未來
導向的複雜優勢。它可能用正向回憶品嚐過去經驗、享受現在發生
的活動，並且計畫用參與的方式品嚐未來的黃金時刻。因此，品嚐
滋味是一項應用廣泛的技巧，有時候會在步調快速的生活中被忽
略。還有，品嚐滋味的能力是可以學習的，你會因為更瞭解這項優
勢而幫助個案活在光明的人生中。

羅伯特·李維對生活步調的研究顯示，很多社會生活比過去的
節奏更忙亂[4]。我們活在家庭、工作、娛樂機會充足的時代，經濟
流動興起有雄心壯志的人。對任何要工作與養育家庭的人而言，因
為收穫、減產、溝通、交換、團隊會議、最後期限、放學後的活
動、家庭聚餐、工作旅遊與其他活動等，留下極少可以享受的時 151
間。我們太常在成功後又直接跳到下一個目標的行列中。在這種生
活類型中，品嚐滋味的藝術似乎像是一項用過去形塑而成的手工藝

品。而且到最後，我們真的會有機會品嚐經驗的滋味，這麼做也會使生活好過一點。

品嚐滋味不只是快樂主義所說感覺很好而已。它是一種性格優勢的延伸，能超越有美酒相伴的晚餐享受。品嚐滋味在很多方面都有功能。第一，品嚐滋味的舉動能拉長快樂的時光。想一想，當你的演說或簡報獲得廣大迴響而出現的情緒高漲感。事實上，快樂的火花能維持的時間其實很短暫。但是藉由騎車回家時在腦海中重新播放、在接下來每週董事會裡描繪品嚐當下的滋味，你就可以跨越每日、每週、每年，去延伸這些時光。在某方面來說，品嚐滋味的行動，就像是長期保護心理的預防針。品嚐滋味的舉動也可以用來強化正向感受。沉浸在一個很享受的經驗中就是把正向感的音量調大的方法。正向感，就像我們在第二章裡看到的，會帶來多元健康的、社會的、與工作有關的好處。最後，品嚐滋味也可以是決定性的社會氣氛，可以鼓勵人去慶祝、共享正向的時光。很多教練在服務中已經使用某種慶祝方式了。當其他教練鼓勵人使用實際的慶祝方式時，有些教練會帶個案想像派對來慶祝成功，也可能會給他一份小禮物。不論你和個案使用什麼創新的慶祝方式，最重要的是要記得，共享品嚐滋味的時光是這類教練成功的根本。

品嚐滋味，當它發生時會有不同的風味出現。我們不只是要品嚐很多不同的事物，同時也可以經歷事物本身的多變。福雷得‧布萊恩是芝加哥大學品嚐滋味的專家，他花了許多年主持品嚐滋味的研究，發現不同的細微差別[5]。多數人認為品嚐滋味是在向現在的時刻或回憶小徑點頭表示認同，布萊恩則看到品嚐滋味的不同層次並且從科學觀察中刻畫出洞察。布萊恩說品嚐滋味的行動與經驗，有部分會隨著品嚐滋味的焦點特徵而改變。我們可以品嚐與他人互動的外在經驗或是內在成就，我們注意力的焦點會支配能經歷到的

品嚐滋味類型。

　　把感恩（gratitude）與沉浸（basking）當作同一枚品嚐滋味的硬幣的正反兩面是很有意思的。品嚐滋味的另一個類型，是把焦點放在過去正向回憶（positive reminiscence）的事情上。正向回憶呼喚了過去美好的時光與個人的成功。這種活在過去的生活並非壞事，就算它是模糊的名聲也好。反之活（dwelling）在過去，尤其活在個人的失敗、困境與失落裡會敲響幸福感的喪鐘；但是品嚐過去的成功卻是一項情緒上的恩惠。以羅拉（Laura）的例子來說，她是一個接受教練服務的個案，對發展大公司女性雇員的工作坊很感興趣。雖然羅拉對角色扮演活動很有一套，但是仍然對成功的機會感到不確定。「如果我失敗了呢？」她想。她擔心她的點子是否會被接受、她的活動是否會達到想要的效果。身為教練，我們要精準預測未來能做的事幾乎很有限。我們不知道工作坊會不會被接受或徹底失敗。我們所能做的就是表現鼓勵的神情並且精確做到這一點。協助個案感到信任的方式之一，就是透過引導式的調解，或請他們重新數算過去成功的故事來加以引導。藉由品嚐過去成功的滋味、真正全神貫注在經驗的細節中，會讓個案感覺到復原並且對挑戰感到興奮。

　　但是我們要如何有效的品嚐過去呢？它是可以學到的技術嗎？很多人假定品嚐滋味十分簡單易懂：只要回想過去愉快的事情，你就做到了。結果證明，品嚐滋味的過程不只是沉浸在心理上的美好時光而已。

153

◎重點❶ 不論品嚐滋味對你的個案是否自然，你都可以輕鬆的瞭解品嚐滋味的類型以及參與活動的方法。如果某一項處遇方法不管用，就持續嘗試別的方法。

很有趣的是，要使品嚐滋味保證有效的方法，竟然是建立對過去的回憶。也就是說，當感覺很好的成功事件發生時，你可以在這個時刻花些時間去感激它，為了未來要使用的機會儲存它。用重播事件或注意細節的方式，會讓你和個案的事後回憶變得更容易。另一個建立回憶的方式就是和其他人分享正向經驗。分享的過程中，很多人基本上會將事件說成故事，這種敘述有時候會比很久以前一閃而過的意像更容易回憶。與朋友、同事、家人分享經驗的附加好處，就是經常能為自己開啟品嚐滋味的歷程。你可能在年度貿易展上才會遇到很久沒見面的同事，但是當她提到對你去年的表現印象深刻而共有的時光時，這種說法總是讓人感覺很好。當你與同事、朋友或配偶一起回憶而以對自我感覺很好做結尾時，回憶一段時光就會是容易的。你可以考慮指派家庭作業給個案，讓他向朋友或同事徵求這種故事。

最後一種品嚐滋味的策略和前面兩種非常不同。布萊恩稱做「阻斷造成干擾的刺激物」（blocking interfering stimuli），意味要限制會讓人分心的事物，為有效品嚐滋味設定階段[6]。在享受小孩學校的表演或在餐廳吃飯時，沒有人會想接到工作上的電話。在此要清楚明白的是，生活中有時在有效品嚐最重要的滋味時會受到干擾，事實上正向心理學並不是盲目的正向而忽視了麻煩。

154

一旦清楚瞭解品嚐滋味在某種體系中可以順利進行，某種環境會阻礙品嚐滋味，這會幫助你和個案更有效的參與這項活動。與個案共同創造品嚐滋味、沒有噪音和分心的空間是可行的做法。品嚐滋味需要的友善環境，這在提醒我們一旦對周遭世界變得習慣時，就會養成跳脫品嚐的習慣。隨著新工作帶來令人興奮的社會聯結及快速成長的感覺會逐漸消失，使人忘記要仔細注意已經適應的

環境。很幸運的是，能把個案從熟睡世界中「喚醒」的方式有很多種。

> ◎重點❷ 可以適切的為成功品嚐滋味設定階段。從忙亂的日常生活抽出時間、開啟看待世界的新方法是品嚐滋味的兩項先決條件。

（三）感激現在

有多少次，你偶然遇見抱怨工作讓自己心情不好的個案？偶爾會有個案覺得工作很沉悶而常想要換工作。對某些人來說，這是個案起初以令人興奮的專業機會作為開始，最後卻隨著時間流於千篇一律的景況。這個自然傾向的發生，是我們的適應力最原始的心理能力結果。事實上，這是其他有用的歷程中隱藏的黑暗面。我們在一份職業中待得愈久就愈能適應。機會與活動會從曾經充滿挑戰、興奮或新奇感轉變成過時。問題的核心不總是個案如何看待工作——例如這份工作很糟——而是工作不再新鮮了。

因為對現在有太多要感謝的事實而失去了視野，這是所有人容易犯的錯誤。好消息是棄絕這種慣例、對日常生活有更多覺醒是相當容易的事。很多教練能很熟練的設計活動，協助個案在習慣之外更貼近自己的生活。邀請個案在新的街道上停車、去新餐廳吃飯、訂閱新雜誌，都是介紹新觀點的簡易方法。甚至可以更加投入以個案覺醒為目標的教練服務處遇上。

這一種處遇方法被稱為「照相機技術」（camera technique）。這項技術建議個案使用數位式或拋棄式相機、選擇每天要照相的物體。她可能會選擇沙發、廚房、辦公室或汽車。鼓勵她用不尋常的

155

角度拍攝、用新的方式看待這個物體。當她的桌子躺在地上時看起來像什麼？當人坐在汽車後座行李箱中時視野如何？罐子和鍋子倒過來、底部朝上時看起來像什麼？學習感激生活中平凡的項目，會刺激出創造力與參與度。不只是那樣，也要學習感激現在的生活，因為它對過去正向回憶設立了舞台。你和個案將品嘗滋味做得愈好，日後就能在提取儲存的時光方面做得愈好。

「感激現在」對我們來說是可以自動發生的，很明顯這不只是一種「敬畏感」而已。可能你和個案不太會討論敬畏感。敬畏感是一種有趣的感覺，在事後會有強大的影響。不論是站在喜馬拉雅山前或是看見某人幫助盲人過馬路，我們在偉大的景象出現時就會感到敬畏。強・海德特是《象與騎象人》（*The Happiness Hypothesis: Finding Modern Truth in Ancient Wisdom*）這本深奧書籍的作者，他用科學研究敬畏感，發現許多有趣的事情[7]。根據海德特的研究發現指出，當人暴露在激勵人心的偉大形式中會經歷「道德感的提升」。基本上人的行為具有正向道德的特質，例如仁慈、寬恕、忠誠或勇氣。對許多看過亞利桑納州的大峽谷或米開朗基羅「大衛像」的人來說，美麗的事物會引發敬畏感，一點也不令人驚訝。

156　　　心理學裡有許多像是防衛機制及潛意識這種概念，慢慢形成了公共想像力。其中有一個概念叫做「社會比較」（social comparison），這是拿周遭人士的成功用來評估對照個人成功的一種行為。很多人對這個概念很熟悉，經常會在收入上做比較。以常識看來，如果我們比鄰居窮困就會感覺不好。這就叫做「向上比較」（upward comparison），這點常在我們把自己和其他較高地位的人相比較的時候發生。從正向心理學而來、令人興奮的社會比較研究是很嚴謹的。針對乳癌病人所做的研究顯示，人有時候會用向上比較作為鼓舞與刺激的方式。當把他們與緩解中的病人作比較

時，用同儕的成功經驗來鼓勵女性病患，反而會讓她們感覺很不舒服[8]。

但是什麼才是敬畏感呢？海德特告訴我們，這是感覺溫暖與愉快的一種情緒經驗，人有時候在胸膛上會感覺到生理症狀或「說不出話來」[9]。也許最令人興奮的消息是，敬畏感影響了道德感的提升。經歷到敬畏感的人會感覺到內在更新的動機，會想改善自己與周遭世界。用這種方法目睹仁慈的舉動，就會鼓勵我們盡力做到這個行為，努力成為更好的人。對教練來說，這是令人印象深刻的結果。海德特的研究暗示要挑戰我們用「少許敬畏感」（awe-some）的方式，當作鼓勵個案採取正向行動的方法。花點時間想一想，你開始從事非營利組織的朋友、志願在珍貴的理想上付出時間或是完成馬拉松而感動的時刻。用同樣的方法，你可以使用策略性的自我揭露，或是用簡短的故事來鼓舞個案。

> ◎**重點❸** 當個案注意到身邊的人在享受成功，你就可以用來當作鼓舞個案的機會。你可以問個案讓別人覺得感動或激勵的成功時刻。你也可以研究成功者的行為和特質作為思考的泉源。

（四）樂觀主義

157

馬丁・賽利格曼是正向心理學的創始人，他在心理學研究小狗的反應時開啟了相關研究[10]。特別的是，他研究動物在某種環境下放棄希望感的方法。例如，他在實驗中發現給小狗經歷一連串無害的驚嚇，只要小狗按下搖桿驚嚇就會停止，隨後牠能很快恢復過來。相反的，如果給一隻小狗相同情境但牠不能控制停止驚嚇，最後牠就會放棄自救。根據事實來看，賽利格曼發現動物到最後不會逃避驚嚇，即使牠們還有力量這麼做也是一樣。他把這個反應叫做

「習得無助感」（learned helpless）。幾年後，賽利格曼轉向更多正向心理學研究的主題，就像研究無助感一樣來思考「希望感」是否可以靠學習而獲得。他開始研究樂觀主義，最後他的研究說服了自己，說明人類天性裡的正向層次具有高度價值[11]。

樂觀主義是很棒的特質，對灌輸個案樂觀主義的教練來說，能夠輕易發展讓個案完全滿意的成功服務。事實上，如果你思考一下個案帶著期望與你接觸時，他就帶著樂觀主義的隱含假設了。他有個非語言訊息說：「嘿！這應該行得通，我希望它可以成功！」。從剛開始用電話交談或面對面會談，教練會用鼓勵以及多種技巧點燃樂觀之火，為個案開啟邁向成功的通道。賽利格曼與其他正向心理學家的研究支持了樂觀是可以學到的，而且這樣做是有益處的[12]。

樂觀主義實際上到底是什麼呢？是天真的忽略世界上殘酷的行為嗎？是指即使我們的好主意會失敗卻仍然沒有現實感嗎？當然，傾向正向的人會被標記成不懂思考的盲目者，但這種批判忽略了樂觀主義的真實面。樂觀主義絕對不是正向的忽略未來或是缺乏批判性思考。相反的，樂觀主義是一種批判的優勢，存在於動機、堅忍不拔、到最後生活一舉成功的核心中。若沒有這種認為未來事情會變好的敏感度，很多人就不會願意冒險、創造新點子或進行改變。從要求孩子為了接受升遷而改變生涯，一直到發展一個新計畫，都是可以預期的——至少會用某種非常具有功能性方法——相信成功不只是可能的，也是會實現的。

正向心理學研究者查理斯・凱渥（Charles Carver）與麥可・斯崔爾（Michael Scheier）研究樂觀主義多年，他們將樂觀連結到「堅忍不拔」這一項優勢上[13]。根據凱渥與斯崔爾的說法，人是否能在一項任務中堅忍不拔甚至能面對懷疑和挑戰，可以用兩件事來預測：承諾（commitment）與自信（confidence）。如果你相信自

己有能力成功並且做到承諾的事，然後，你可能就會在棘手的時間裡埋頭苦幹。但是讓我們先打住，暫且思考一下這件事。自信，就像我們剛剛說的，是指相信自己、相信未來會成功的能力。邁步向前、自信與樂觀主義彼此間有密切相關。擁有高自尊不只表示喜歡自己，也代表一種未來取向的心態，你相信自己沿途都會具備能力。

就像另一位偉大的心理學家史奈德（C.R. Snyder）晚期的努力一樣。史奈德建立起研究「希望感」的生涯[14]。你可能會預期希望理論要建立在人的正向態度上。你可能會想擁有凡事都不計較的氣泡型人格，對未來維持希望感是很重要的。很有趣的是，史奈德的「希望理論」強調個人代理機制的重要性，也就是指，達成目標的能力就是整體樂觀主義的一部分。人感受到愈多可以帶來成功的能力，愈會緊握希望感不放。瞭解這方面後，在認識何謂良好的教練服務以及服務為什麼有效時，樂觀的優勢變得很重要。對個案進行有效的教練服務時，要對個人資源、建立自信做出判斷，並鼓勵個案相信有可能會成功。簡單說，教練服務是一種逐漸形成的樂觀感受，依序含有堅忍不拔的批判成分在其中。

> ◎重點❹ 很多人認為，樂觀主義是對未來抱持贊成的態度。但還有另一個看待樂觀主義的方法，就是對自己抱持贊成的態度相信未來自己可以成功、也一定會成功。

159

你可能有過和突然爆發熱情的個案一起合作的經驗。你能瞭解一點點鼓勵或提醒個案過去擁有的成功，會是增加樂觀的長久之計。但是個案內在的快樂，是指他從緊張的參與未來轉變成緊握會成功的興奮感嗎？正向心理學研究者研究人思考的方式，一

直對這個問題很感興趣。心理學家克里斯‧彼得森與崔西‧史汀（Tracy Steen）撰寫以樂觀為本的心理機制[15]。根據彼得森與史汀的說法，「詮釋風格」是樂觀主義的核心。詮釋風格是人對發生在自己身上的事情進行的心理解釋：收到超速罰單、驚喜的宴會、信用卡失竊、一路都是綠燈、加薪，還有其他日常生活會發生的事情等等。悲觀人士傾向的心理習慣是責備壞事、把好事劃記成愚蠢的幸運。另一方面，樂觀主義的詮釋風格很明顯是很棒的，因為它與更加快樂、投入、堅忍聯結在一起。

　　思考我們能否改變詮釋風格會很有意義。身為教練，我們當然希望可以改變，或是我們能猛烈攻擊我們的腦袋，以突破阻礙沉悶的個案轉變成勇者的城牆。為了瞭解詮釋風格如果能或是如何能成為一種選擇，我們就必須知道它是從哪裡來的。也就是說，彼得森與史汀指出詮釋風格有很多來源。某種程度上，正向感與負向感有基因組成，有些人天生就比其他人更具樂觀的看法。我們生長的家庭也會影響我們解釋世界的方式，這和父母為孩子解釋世界時表現趾高氣昂還是垂頭喪氣的樣子有關。因為詮釋風格反映我們如何覺察世界；人們認為生活環境充滿敵意、不確定感或是不安全，都是形成悲觀主義更危險的因子。尤其創傷事件的受害者或是大量暴露在──真實的或虛擬的──媒體暴力下，都是對事件產生更多負向詮釋的危險因子。

　　對這些詮釋風格來源的洞察告訴我們要如何改變，還有我們可以改變多少對未來的態度。因為樂觀主義某些程度上已經是被決定的，所以期待原本就非常負向的個案要有一百八十度的轉變是很不合理的。只是某些轉變仍然是有可能的。好的典範會影響正向思考的轉換，圍繞在樂觀主義者身邊的個案，比較有好機會學習這項技巧。教練與個案之間的回饋與互動也可以播下正向詮釋風格的種

子。身為教練，你可以用很多不同的工具促進個案樂觀。身為對樂觀功能有興趣的改變代理人，工作之一就是要警覺個案明顯悲觀的例子。當你聽到個案用反對自我的語言時你可以挑戰他。你可以讚美個案並且鼓勵他。你可以標記出個案好的特質，邀請他述說過去成功經驗的故事。你可以指派家庭作業請他注意別人的詮釋風格。教練服務很棒的地方是，它在現代文化中是少數帶來安全感、能適時公開的讚美、慶祝個人的成就、能有公信力的述說優勢的地方，但不會要求一定要探究人性。說穿了，教練服務會談為培養樂觀主義提供了完美的脈絡環境。

樂觀主義並非盲目的希望完美，或是發展對未來不切實際的期望。事實上，樂觀也有不恰當的時候。心理學家查理斯・凱渥與麥可・斯崔爾撰寫偶爾要能「捨棄」（giving up）的重要性[16]。有很多人認為捨棄是一種失敗，也有很多人不甘願變成輕言放棄者。令人驚訝的是，這項文化性的學習事實上對個案造成一種傷害。你有遇過個案持續沒精打彩的面對一個重要目標，結果反而不斷地陷在徒勞無功與缺乏進步的循環中嗎？為什麼他（她）要這麼做呢？很多個案害怕捨棄的景象，就像他們害怕未來可能會失敗一樣。這個心態告訴我們，捨棄等於是讓人用最糟的方式掉入失敗陷阱中。

很幸運的是，這個兩難的情形有個解決方法。凱渥與斯崔爾區分「捨棄努力」（giving up effort）與「捨棄承諾」（giving up commitment）的差別[17]。對於認為放棄對目標的承諾就算失敗的人來說，替代方法就是要經常捨棄努力。你可能有過經驗是，個案會突然從一個重要目標中退縮或對目標表現出粗略、不熱衷的努力。這是有心理學意涵的。減少努力的心理訊息表示用這種方式完成目標，會比起完全放棄來得好一點。凱渥與斯崔爾反對把不努力評量成目光短淺或最後的失敗。如果目標是重要的動力標靶、是生活裡

161

諸多意義與目的來源的話，為什麼在世界上的我們會想對目標做出無精打彩的努力呢？

相反的，研究者建議把焦點放在「捨棄承諾」這項天秤的另一端。起初覺得很慚愧，因為捨棄重要目標的想法似乎是不好的、很糟糕的，然後會被評量成不夠努力。這是把自己和最鍾愛的目標緊緊連結在一起的人很自然的反應，放棄目標的念頭似乎就像是一種背叛。凱渥與斯崔爾討論出聰明的方法把這項改變重新框架一番，把焦點放在替代方法上而不是放在捨棄目標上。事實上，幾乎每個人同時都朝向多元目標而努力。有些人做相關的工作、有些人以家庭為重，還有一些人以自我成長或娛樂為中心。捨棄對目標的承諾通常意味著不只是要改變方向，也是把相同的精力放在其他有價值的目標上，或者是發展另一個值得努力的新目標。你可以在個案對目標感到矛盾時使用這個區分法來幫助他。

162

◎重點❺ 很多人會把無精打彩的努力評估成比完全放棄目標來得好一點。然而這項策略卻很少帶來成功。相反的，如果用值得全心付出的目標來取代舊目標，將會更有效益。

正向心理學研究告訴我們，有一批重要的個人優勢經常在我們服務個案時被忽略。當駕馭創造力與好奇心變得有意義時，進行處遇時就會出現更不可思議的資源。我們每一個人都存在於時間線上，我們如何與過去、現在、未來作連結將會為生活品質帶來重要的結果。最快樂、最成功的人，傾向正向的回憶過去、品嚐現在的滋味、樂觀的面對未來。

正向心理學教練的行動步驟

1. 注意一下個案使用的語言，嘗試判斷他們的時間取向。教練服務是一項努力，把大量焦點放在未來上。提醒自己和個案享受現在、駕取過去發生的成功經驗，將會很有幫助。

2. 品嚐滋味是一個你能和個案一起嘗試趣味、實驗性處遇的好地方。鼓勵個案從事他們喜愛的活動，使用品嚐滋味來探究一切有價值的事。為了打破舊習慣、為生活例行公事加入新奇經驗一起來腦力激盪。品嚐滋味和感激自然就會發生。

3. 考慮一下使用敬畏感的激發力量。主動蒐集或從個案身上去徵求強而有力的簡短故事，在會談中彼此分享。創造一個激勵人心而非競爭的環境就成了絕佳的特點。

4. 思考一下曾經有朋友及心靈導師相信你而且讚美你的時刻。牢記這些讚美如何轉換成增加自信、最後成為美好感覺的代言人與樂觀。你如何將這份禮物送給你的個案呢？

5. 花點時間想一想堅持到底與捨棄。我們要如何才會知道什麼時候應該要繼續抗爭？我們的個人資源要如何納入決定中？什麼時候認輸是聰明的？你要如何與個案合作，把想捨棄的目標重新框架為可替代的目標？你會如何依循評量努力與評量承諾的想法來與個案合作？

164

延伸閱讀

1. Bryant, F., & Veroff, J. (2007). *Savoring: A new model of positive experience.* New Jersey: Erlbaum.

   這是品嚐滋味主題令人讚嘆的研究回顧。

2. Haidt, J. (2006). *The happiness hypothesis: Finding modern truth in ancient wisdom.* New York: Basic Books.

   這是一本介紹幾項經得起時間考驗的核心概念，是詼諧、有智慧、非常具可讀性的書。

   （中譯：《象與騎象人》，李靜瑤譯，英屬維京群島網路與書出版社）

3. Seligman, M. E. P. (1998) *Learned optimism: How to change your mind and your life.* New York: Free Press.

   這是一本對樂觀主義的傑出回顧：樂觀如何有效、如何才能擁有樂觀。

   （中譯：《學習樂觀，樂觀學習》，洪蘭譯，遠流出版社）

社會優勢的教練服務

　　某個不幸的人，在一個熱帶荒島上無依無靠，為了倖存而奮
力掙扎，希望逃回文明世界，這類故事和電影無以計數。從《魯
賓遜漂流記》（*Robinson Caruso*）、《海角一樂園》（*Swiss Family
Robinson*）、受歡迎的電視影集「失落的檔案」（*Lost*），我們都會
被劫後餘生的故事所吸引。但是，你曾注意過很多故事都是虛構的
嗎？很有趣的是，多數令人毛骨悚然的冒險場景都設計在自然資源
相當豐富的島上，倖存只是一種努力的表現而已。發生船難的人典
型的被設定會去探索地域、很快地建立起庇護所、成功獲取食物。
相反的，真正的創傷是災難發生之後的社會疏離感。當然，偶爾也
會出現鯊魚的景象或熱帶風暴，這些驚嚇都是為了娛樂效果，但是
這些故事靠的是一項重要的情節重點：救援。失事的船舶與失去依
靠的人想要──不顧一切的──維持剩餘的性命。而我們這些觀眾
與讀者極度希望他們能回來。我們希望他們建立堅固的木筏或在地
平線上看見船隻。船難故事強調人類的社會本性。

　　當你想到所有的特徵優勢中有這麼多是屬於個人的部分，就像
我們在前一章提到，即使你只有獨自一個人，這些優勢仍會從你內
在湧出，準備好被使用。如果你擱淺在某個遙遠的島嶼上，這些正
好就是會帶給你幫助的優勢類型。你的堅忍不拔、樂觀、創造力優
勢，將能幫助你度過難關。然後，那些完全屬於社會本性的優勢就

只能伴隨其他優勢一起使用。例如，如果你在南太平洋上遇難，再強的領導技巧又有什麼用？社交能力呢？你會為了生存利益使用公平性嗎？很清楚的是，一組運用得當的優勢——或許，也只能被用來——發揮在社會情境中。這些優勢是從哪裡來的、我們要如何與個案一起聚焦在這方面呢？

　　研究與常識一再告訴我們人類是群居的動物，生活在家庭、工作、管理、群體裡。就像我們靈長類親戚一樣，大自然的本意不是要我們獨自在世界上流浪，當我們在社會情境中通常表現得最好。事實上，人一切的想法行為，在本質上都非常具有社會性——我們的渴望、優勢、天分、技巧及目標——都以其他人為中心。我們最大的快樂會在關係中產生：在遊戲中獲勝、參加生日宴會或畢業典禮、獲得父母、主管或配偶的讚賞。甚至我們有監控自己說了什麼、做得怎樣的傾向，即使四下無人還是會想到在下一輛車或下個房間裡，可能會有人注意到我們。簡單來說，我們與他人的關係，不論是以家族關係或是辦公室階層為基礎，對我們的健康、幸福感都有重大的衝擊，反之也是如此。

　　很幸運的是，沒有人必須負擔成千上萬一切具有意義的關係。事實上，即使我們想要這麼做也是不可能的。研究顯示，我們的生物構造，尤其是大腦皮質，使我們面對無數人時能表現出友善。羅賓‧頓巴（Robin Dunbar）是利物浦大學演化心理學的研究者，他提出大腦能用任何有意義的方式有效處理的最大值，是 150（正確是 147.8）個人[1]。他的論述令人矚目，從軍隊到美商戈爾公司（Gore-Tex 布料製造商）等組織，都使用這個神奇的數字創造理想團隊。這點對我們有生之年的意義是我們應該計算一下是否擁有總計 150 段有意義的關係。它是一種附加的動力因素，可以把我們的社會優勢運用在家人、朋友與同事身上。

因為職場上有這麼多教練服務中心關注到這一點，所以我們應該要強調工作關係就像跑完全程一樣重要。多數教練知道儘管人有個別差異，有效的商業團隊還是由與其他人相處、一起共事所組成。團隊的建立與衝突的解決長久以來都是組織發展的支柱。強調工作關係會比寄給員工寫著管理決策的便條紙來得更重要。結果證明員工認為關係是非常重要的。英國商業心理學家馬丁‧司迪爾斯（Martin Stairs）提出最能影響工作滿意度的因素就是和管理者的關係，接著才是和同事的關係[2]。因此，依循個案的優勢進行教練服務能協助他們活絡社會關係，就像某種已經能被他們的雷達偵測到的物體一樣。

一、你的個案是社會性動物

　　我們要如何變得具有社會性呢？我們要如何協調這種和其他文化訊息加以聯結的自然意識，這個意識告訴我們可以自由追求配偶或生涯選擇？身為人類，我們傾向過群體生活，但是身為文化，我們則大量投注在個人主義上，我們要如何意識到這個事實呢？我們趨近親密關係與友誼的自然傾向具有演化的基礎。早期人類在發展時，這一點對群體生活有明顯的好處。在形成部落階段，我們繼承祖先居住的洞穴，分為工作區、擴張原始的水池、增加狩獵成功的機會、經營比較好的防禦方式來抵抗掠奪者和敵人。最後，群體生活與合作的好處是：催生了每個社區成員形成期望與角色的文化。

　　以住在北格陵蘭的依努義族（Inuit）為例，這些依努義族在不毛之地勉強靠狩獵和捕魚維生，這種生活維持幾百年了。獨居對一個想長年生存下來的人是不可能的。依努義族一起生活，隨著時間

168

過去，甚至為成員發展能幫助群體更加興盛的特殊文化角色。為了日後可以發展出狩獵技巧，孩童被鼓勵去玩相關的遊戲。成人一起分工合作，競爭的用意是造福社區。例如，部落裡最棒的獵人會得到群體的讚美，這對努力打獵的年輕人來說是一項強而有力的鼓勵。當獵殺開始，競爭的氣氛會轉變成一起合作。依努義族為了公平分配食物發展一套嚴格的系統。那老年人呢？在這種社會中他們的地位如何？當老年人在休息或閒聊時，會藉由注意年輕人出海狀況來提供協助，他們一發現鯨魚和海象就會警告捕漁的人。文化用這種方式為獨自行動以及和他人互動間提供了腳本。

169

文化也許沒有受到教練服務足夠的注意。當然，好的教練會覺察有些個案來自不同種族或語言背景，但是許多人會忽略文化影響著其他互動的層面。文化不只是穿著、菜餚、宗教及語言的差異。文化是一個鏡頭，我們透過它來看世界，它影響我們的價值觀、認同感、生活是運氣還是人為掌握居多的信念、與他人連結的方式，甚至影響我們的感覺。人透過社會化來學習特殊文化，人類是擁有悠久社會化歷程的物種。這個文化訊息花了我們很多年去模仿周遭的人，去學習適當的行為、內化我們在世界上的定位，以及應該為什麼目標而努力奮鬥。

我們談到文化的理由，不是要拿文化發展史的學術步伐來煩你，而是想強調文化的社會養成過程。這裡暗示了教練服務能成為專業之一，正是因為它的核心基礎就是社會關係。如果人透過互動學習到文化訊息，那麼教練服務會談就是一個培養樂觀進取態度（can-do attitude）的理想之地。如果文化為適切的思考、感覺及行為提供了腳本，那麼思考一下在你的教練服務中你會想要與個案建立什麼類型的文化，這會是很有意義的。你的教練服務文化是溫暖與支持嗎？是腳步快速而具有挑戰性嗎？是好玩又有趣的嗎？教練

服務有一項非常了不起的部分是，這是一個好地方，可以丟棄舊的
社會規則，使用振奮、正向、提升成長的腳本。這是一個你可以為
社會互動實際建立規則的地方，你可以加以修改讓你和個案之間相
得益彰。

　　文化心理學的研究支持了文化會造成深度衝擊的論點。史堤
夫·漢尼（Steve Heine）與達林·立門（Darrin Lehman）都是英
屬哥倫比亞大學的研究者，他們發現在其他文化花費的時間多寡會
提升或降低一個人的自尊。漢尼與立門在一項研究中，發現，有著
低自尊文化的日本人到加拿大旅行時，他們的自信提升了[3]。另一
方面，當表現相當高自尊文化的加拿大人出國到日本旅行時，他們
自信的分數下降了。研究者發現一項在自尊方面更令人矚目的變
化。漢尼與立門找到跨越許多世代的移民也有相同的文化效應。第
三代亞裔加拿大人，依序會比第二代有較高的自尊，也會比剛搬到
加拿大住的人、比只去旅行但從未在國外住過的日本人、比從未出
過國的日本人，都有更高的自尊。這項研究認為，一個人暴露在以
其他方式看世界的時間下愈久，愈能夠適用這個觀點。換句話說，
個案愈會在不切實際的想像、樂觀的高成就中身歷其境，愈可能掉
入這種思考方式的行列中。

170

> ◎重點❶ 僅僅暴露在成功、正向感、自尊的文化訊息中，就可以提升
> 個案的精神與自信了。

　　讓我們花一點時間檢視生活中主要文化的類型，對加拿大、美
國、澳洲和西歐文化的最佳描述。每個地區文化承受的共同處就是
個人主義（individualism）。個人主義提倡把人看作是獨立功能的
代言人[4]。多數人被教導要區分自己與他人，這是我們對獨特性的

定義。事實上，有了如此深根柢固的思考方式，讓「特殊感」在世界其他角落似乎成為某種想避免的東西。在我們的文化中，個人主義者被教導要形成獨立的觀點而且要順應個人的夢想而活。這樣有好有壞。個人主義的思考方式好處是有民主政策、社會公平、發展獨特天分、自豪與自我實現的機會。然而，不好的方面傾向思索目標時不會顧及群體需求。回過頭來，個人主義的國家帶來高離婚率、遊民和自殺情形。教練服務已經在個人主義的良好特質方面獲得好處。但是，正因為個人主義明顯有黑暗面，社會優勢的教練服務就變得很重要。

171

二、辨識與評價社會優勢

　　社會優勢是正向文化中被埋沒的英雄。人類具有人際領悟力，人可以激勵、鼓舞、敏銳地處理衝突、為我們其他人建立角色典範。每一次我們對朋友和同事採取高道德途徑，每一次仁慈的、感恩的、寬宏大量的行動時，我們為其他跟隨我們腳步的人設定了台階。麥可・偉斯特（Michael West）是英格蘭伯明罕安斯頓商業學校的研究指導者，他大半生涯都在調查職場文化，發現我們對他人有強大影響力。偉斯特說正向的感覺會使人得到益處。樂在工作的員工會在和別人工作時創造合作的與建設性的氣氛[5]。只要一點仁慈、熱心就能走得長久。偉斯特也發現辦公室有支持學習的環境、可以作為人際優點的生產地時，對職員的工作滿意度是很重要的。積極使用人際優勢不只是為了贏過其他人、達成個人目標，能夠有效地運用社會優勢對每位參與其中的人來說統統都是贏家。

　　社會優勢這麼具影響力，因為它比起前面章節討論的人際優勢類型更明顯可見。領導力是一種伴隨一組顯著技巧的明顯優勢，跟

謙虛不一樣。想想美國公民權的倡議者馬丁‧路德‧金恩的例子。他為那些公民權被剝奪而陷入困境的人進行倡議，為此大力讚揚自己的角色。但這未必就是讓他出名的內在優勢。當人在討論非凡的成就時，會傾向不提創造力、風趣、好奇心。反而，焦點通常會漂移到社會優勢——領導力、仁慈、公平上。這很自然成為我們辨識一個人顯著特質的結果。事實上，它為金恩「我有一個夢」（I have a dream）的演說帶來雙重意義，他說：「我夢想有一天，我的四個孩子將在一個不是以他們的膚色，而是以品格優劣來評價他們的國度裡生活。」的確，今日我們常用特質來判斷他人。我們經常從一個人的行為來看一個人好在哪裡。社會優勢表面上經常要透過行動、用明顯的方式製造出來。在行動中很容易看出社會優勢。人們領導；人們寬恕；人們有仁慈的舉動。

172

　　事實上，社會優勢是這麼明顯、這麼具有力量，它可以跨越時間與空間來影響我們。很多教練會用激勵人心的故事進行服務，其中也包含我們自己的故事在內。這裡有一個家喻戶曉的故事。1836年11月19日亞伯拉罕‧林肯總統造訪戰事激烈的蓋茨堡時發表著名的演說：

> 八十七年前，我們的祖先在這塊土地上建立了一個新的國家，它孕育於自由，並且獻身給所有人都是生來平等的理念。
>
> 現在，我們正在進行一次偉大的內戰，我們在考驗，究竟這個國家，或任何一個有這種主張和信仰的國家，是否能長久存在。我們在那戰爭的偉大戰場上集合。我們來到這裡，奉獻戰場一部分土地，當作為國家的生存犧牲自己

生命的人，永久長眠之所。我們這樣做，是十分合情合理的。

可是，就更深一層意義而言，我們是無從奉獻這片土地的——無從使它成為聖地——也不可能把它變為人們景仰之所。那些在這裡戰鬥的勇士，活著的和死去的人，已使這塊土地神聖化了，遠非我們的棉薄之力所能左右。世人不太會注意，更不會長久記得我們在此說的話，然而他們將永遠忘不了這些人在這裡所做的事。

相反地，我們活著的人，應該獻身於那些曾在此作戰的人英勇推動但尚未完成的工作。我們應該在此獻身於眼前存留的偉大工作——由於他們的光榮犧牲，我們要更堅定致力於最後他們全然貢獻的事業——我們在此立下誓言，不能讓他們白白死去——要使這個國家在上帝的庇佑之下，得到新生的自由——要使那民有、民治、民享的政府不致從地球上消失[6]。

即使到今天，距離林肯在賓州廣場前演講大約一百五十年之後，他的演講仍有喚醒內在深層情緒的力量。不只是因為它被動人地訴諸文字或完美地講述。「蓋茨堡宣言」（The Gettysburg Address）能引起我們的共鳴是因為它使我們團結。它把我們緊緊繫在一起，提醒我們與其他人的關係。對美國公民來說，它用激發崇高的愛國心、共享歷史來使人團結。即使不是美國人也都會被這份演說影響；它用喚醒經驗使我們團結——犧牲與堅忍——這點對人都是一樣的。簡單說，林肯的演講是卓越領導的完美例子，一個男人的力量引發眾人最好的一面。當然，領導力本身就是一種社會優勢。

　　社會優勢不只是可以評價的，也可以評價其產生的結果。社會優勢能幫助個人、能使關係與群體表現良好成為可能、也能促進社群的福利。換句話說，個人優勢不足以在社會中完全發揮功能。你的個案必須也發展社會優勢以擴大蓬勃的改變。藉由辨認個案的社會優勢使個案界定想要發展的天賦能力區。和個案工作時，和個案一起證明社會優勢的力量將會協助個案珍惜它們、也會激勵個案增加已經擁有的優勢。

三、能激發優勢的教練服務

　　任何想努力發展領導力的人都會告訴你人際優勢是可以拿來進行教練的。有些人比其他人有天分，但是每個人都有和他人互動的成長性潛能。社會互動是有效領導的重要成分。它不只能帶來良好管理成效的好點子、熱情、個人能量而已。好的領導者會聚焦在群體上，成為驅動他的使命。吉兒‧葛雷特（Jill Garret）是英國葛雷特企管顧問公司（Caret Consulting）的指導者，她主持貿易與工業部門的研究，想瞭解領導者如何使用最佳優勢去鼓舞與激勵員工。她的團隊檢視十八項候選特質，發現有三項頂尖領導者的屬性在本質上具高度社會性：賦能他人、成為團隊建立者、社會適應力強[7]。不論你和行政管理者、小型企業老闆或生活教練一起合作，都可以與個案一起發展社交技巧，觸發原本具備的人際天分，努力讓它更有效。

174

　　針對社會優勢進行教練服務有一項策略是利用會談思考一般的社會互動。心理學家談論社會角色行之已久，設定一套道德規範定義人在特殊社會情境應該要有的行為[8]。主管期望某種行為表現，而客戶則會期望其他行為。你可以和個案一起檢視他們面對老闆、

同事、配偶與朋友時扮演的角色。他們被期望是合作的、競爭的、卑屈的、創新的嗎？他們會如何修正這些角色達到最能應用特色優勢程度？這個修正會帶來什麼結果？你認為個案扮演角色的依據主要出於自己感興趣的觀點還是他人感興趣的觀點？指出個案扮演的社會角色帶給大群體的成果、與家庭或工作的關聯，把個案的焦點放在對其他人的影響上，會是一件很容易的事。研究者暨商業顧問米樂帝斯‧貝賓（Meredith Belbin），利用他與經理人合作的工作，界定出九種工作團隊最常見的角色[9]。在這九種角色裡，有三項特別具有天生的社會性：協調者（協助人停留在任務導向裡的領導者）、團隊工作者（用心傾聽的團隊領導者努力解決衝突）、以及資源調查者（會因為新點子的可行性而充滿活力、熱忱的網絡工作者）。你可能會考慮和個案合力界定、標示他們做到和領導者相同行為的角色，作為討論如何從中得到最多好處及如何把獨特的社會禮物發揮到最好的跳板。

使用 VIA 進行社會優勢的教練服務

發展 VIA 優勢與天賦分類系統的早期階段中，心理學家克里斯‧彼得森與馬丁‧賽利格曼閱讀了宗教文本、經典、工作哲學、憲法。在他們開始創造候選的優勢清單時，注意到某些拿來做研究的正向特質似乎與其他優勢承擔了某種共同性。拿勇氣這個的例子來說，它是受到世界廣為好評的優點。彼得森與賽利格曼注意到其他優點像是堅定與誠實，都有勇氣的成分在其中。這份理解帶領他們依據相關主題組成 VIA。勇氣的主題包含勇敢、堅定、正直、生命力等特殊優勢。彼得森與賽利格曼同樣也把社會優勢集合在一起[10]。

根據 VIA 的創始者所說，實際上社會優勢有兩種類型：與建立關係、建立社區關懷有關。彼得森與賽利格曼稱建立關係這項優點為「人本的優勢」（strengths of humanity），包括愛、仁慈、社交能力。建立社區的優勢，另一方面在 VIA 中稱之為「正義的優勢」（strengths of justice）。這些優勢被用在超越一對一或小群體互動的脈絡中。正義的優勢可以用在一般團體裡，即使沒有單一被定義為個人的人也無妨。克里斯・彼得森說，人本的優勢與正義的優勢間差別就是把焦點放在「人與人之間」（between people）和「人與人之中」（among people）的不同[11]。因為這些優勢，像是領導 176
力及社交／情緒智商，在其他地方已被廣泛撰寫成文字，所以我們在這章裡僅聚焦在少數優勢上。

重點❷ 社會優勢有兩種類型：建立關係優勢與建立社區優勢。

身為教練，你和個案工作時可以圍繞這兩種社會優勢來工作。事實上，給予個案這兩類社會優勢的背景資訊會很有幫助，這樣他們就能完全體認社會優勢多麼複雜、珍貴、迷人了。用附加價值來強化對建立優勢的注意是很有價值的策略。很多人，包括某些個案在內，會認為對這些與生俱來的部分去努力是毫無意義的。這個議題的智慧在於我們最好把時間花在克服弱點上。艾力克斯・林立是正向心理學研究者、也是英國「應用正向心理學中心」（Center for Applied Positive Psychology）的指導者，他強調聚焦在弱點的言論邏輯是相信弱點會強烈到破壞我們的最佳努力，所以必須要謹慎抵抗它。林立說，這種思想風氣流傳在經理人之間、被員工採用、甚至影響我們對家庭的看法[12]。但是很多例子並不只是這樣而已。經

常出現的是我們在家庭與工作上的角色會稍微被修正，個人弱點被優勢補償。

另一方面，如果個案沒有天生的領導力，那麼努力增加一點領導力是很有意義的。你怎麼假設自己知道什麼時候要朝優勢方向進行教練、什麼時候要努力克服不足的地方呢？

如果用能不能勝任角色的概念去思考就會很有幫助。為了個案在工作或家庭中的特殊角色，不論他是一位業務經理、丈夫或父親，都有必要指出個案能力的底限，找出個案能否勝任工作的行為與結果。例如，如果個案擔任主管的職位，他需要的人際技巧不是與生俱來的，那麼努力發展社交與情緒智商就很有意義。另一方面，如果個案擔任與大眾聯繫的職位，仁慈會是一項顯著的優勢，然後找出方法探究能帶給大眾有價值的禮物，就會很有意義。即便在缺少高度社交能力下，仁慈仍可以贏得銷售業績。早一點建立個案以優勢基礎為主的最佳處方，這會是你們一起合作的重要起始點。有很多探討優勢的例子說明了只要對個案介紹這兩種類型的社會優勢就能製造豐富的教練服務會談。

四、人本的優勢

天生具有強烈「人本的優勢」的人會很在乎關係。你可能認識像這樣的人：總是寄感謝卡給你、偶爾打電話來說「只是想關心一下」，還有周圍那些仁慈和愉快的人。這些人覺得注重關係是很重要的，他們的優勢會花在發展與維持友誼、婚姻關係、職場合作領導上。回過頭來我們經常因為遇到這種人才能體會忠誠與感激的感覺。我們會讚賞他們的同理心、敏感度與憐憫心。他們是我們平常

遇到問題會轉而求助的對象，也是我們在工作會議中會想向他索求情感支持的人。

你心裡可能會想，很多擁有這些模範優勢的人我們想到的都是女性。女人容易把焦點放在關係上，比男人更仁慈與體貼，這是一種刻板印象。很有趣的是，最近得到克立夫頓優勢獎（Clifton Strengths Prize）的心理學家雪莉・泰勒（Shelly Taylor）（許多人認為她將是諾貝爾正向心理學獎得主）已經發現解釋的方法。不用懷疑，你知道壓力下的反應是「戰鬥或逃跑」（fight-or-flight），人在面對威脅時不是逃跑就是會去反擊。泰勒發現戰鬥或逃跑在男性中比較普遍，女性面對壓力卻顯示非常不一樣的反應，她稱之為「趨前與協助」（tend and befriend）。

根據克里斯・彼得森與馬丁・賽利格曼的觀點，人本的優勢是由愛、仁慈、社交能力所構成[13]：

- **愛（Love）**：雖然「愛」這個字並不是辦公室的明爭暗鬥或是行政主管教練要處理的日常事務，但是「愛」這項 VIA 優勢，不單只是令青少年著迷的事物或辦公室事務而已。如果你花時間想一想，你會瞭解其中有很多類型的愛與沉溺性吸引力無關。例如好朋友的友伴之愛[14]、親子之間對彼此的愛[15]。愛，就優勢的意義字面上來看涉及不同的正向感受與行動，包括情感、保護、支持與犧牲。雖然身為教練，你可能不會和行政主管或和合作個案太常使用愛這個字，但是你可以使用支持和犧牲這些不會讓人起雞皮疙瘩的字眼。例如，你可以考慮詢問個案她願意犧牲什麼去幫助朋友或同事。用這個方式也可以測量一個人的愛，即使是柏拉圖式的愛也是一樣。

178

雖然愛與被愛的能力，最早會從童年時期主要照顧者身上獲得，但是它也是可以在日後生活中發展的特質[16]。個案與懂得溫暖回應的人彼此互動的程度，會讓個案站在能夠增加這項優勢的位置中。因此，與個案按照愛的優勢共同努力的方式，就是去試試她的社會水源溫度，看看她的周遭有沒有擅長照顧別人的人。如果有，你可以問個案從這些人身上學到什麼、如何將這些學習應用到自己的生活中。如果沒有，你就可以與個案一起努力改變社會聯結的品質。在心裡要存著一個事實，愛會聚集感恩。也就是說，擁有某一項強力優勢的人，通常在別的優勢上也很突出。雖然研究者還沒有弄清楚兩項美德之間的關聯，但是提升感恩可能會增加和其他人的連結感。某種程度上這一點是真的，所以與個案合作改變他們和家人、同事的正向關係時，也可以用第四章描述感恩的方法來進行。

- **仁慈（Kindness）**：沒錯，仁慈和別人輕易踩在你頭上是兩回事。以某種理由來說，很多人會把仁慈當成一種弱點。對大部分的我們來說仁慈是一種明顯的熱情，人們把它視為理所當然。當我們對人最低限度的期望只是仁慈的表現時，為什麼我們要因為別人一點點的仁慈就大大讚揚呢？答案是，仁慈對關係有著極大的好處，它值得被讚揚。仁慈是一種優勢而不只是休閒式的幽默與微笑而已。反之，仁慈是對他人由衷的憐憫。仁慈的人會是寬宏大量的、關心與懂得利他的人。是的，在仁慈上測得到高分的人比較可能在你有需要時幫助你。事實上，在仁慈上得到高分的人會有良好的道德理性傾向[17]。這表示當仁慈擴大的時候，會超越例如溫和這種簡單的素質，到達連結與憐憫的高道德領土上。對教練來說，仁慈很容易被接受：這

是一個很適合讚美個案的區域，討論個案認為與仁慈有關的結果是很簡單的事。

慷慨是仁慈的特殊分支，也是值得進一步討論的部分，因為它對教練來說是一個容易的主題。寬宏大量，如同結果證明，與同理心 [18] 和快樂 [19] 這兩項有關。對他人付出，不論是指導一位新進員工或設定一個寬容的基礎，都會為個案帶來熱切的回報。慷慨不只是聯結我們與他人，也給我們自信的推力。思考一下你在生活中盡力幫助別人的時刻，不論是幫忙把家具搬到新公寓、捐獻金錢給慈善機構、教導一位新教練市場策略，當事情順利進行的時候，它可能是你生活中最難忘的時光。這段時光代表你有足夠的時間、專業知識、金錢，可以與他人分享。當人做出慷慨的舉動時，可能是他們朝氣蓬勃而且感覺很好的時候。你可以藉由和個案合力擴張或發展這份慷慨，把正向經驗傳遞給個案。對個案來說，這個含意代表要想一想哪裡才是他最理想提供年度慈善捐獻的地方，某些人認為是在商業和當地有價值的事業間建立伙伴關係，對其他人來說則代表著志願進行服務或接受只付得起極少費用的個案。考慮一下保留一到兩個名額給無法負擔正常費用的個案，藉由這樣喚醒你自己的社會優勢。

幾乎我們所做的每件事，從教練服務、婚姻關係、到團隊工作都以社會關係為基礎。生活中最有效能的人，就是那些瞭解社會動力、知道如何有效掌握的人。事實上，史蒂芬‧柯維（Stephen Covey）提出成功人士的「七個習慣」（7 Habits）就是特別按照和別人的關聯性撰寫而成 [20]。和個案合力找出並發展最大的社會優勢，可以幫助他們有理想的工作表現而且有成功的家庭關係。

181 # 五、正義的優勢

「正義的優勢」（strengths of justice）目的在協助人對群體福利提出貢獻，不論是對工作團隊或你居住的城鎮都可以。這些優勢是前面討論過的人本優勢的親戚，它們把焦點放在關係中而且存在在社會脈絡裡。

這些優勢的差別在於正義優勢的目的是在建立社區。我們每個人被正義優勢賦予某個程度的能力。當公平性發生時我們會感激，當不公平出現時，我們會感覺熱血沸騰。當我們得到其他人的忠誠時我們會感謝，如果沒有我們就會覺得痛苦。愛與仁慈使婚姻快樂、讓同事在午餐休息時間可以聊天，正義優勢傾向促進更大、更健康、更正向的結構，使個人關係可以繁榮興盛。

根據彼得森與賽利格曼的說法，正義優勢包括公民權、公平性與領導力 [21]。

● **公民權**（**Citizenship**）：公民權與成功的實現群體義務有關。在政治意識中以投票、立法委員請願、參與當地議會或公聽會為代表。在工作上，公民權通常會依據適當的守時、請假、準備度、勝任表現來定義。成為好公民表示個人要擴張成超越自我興趣、用造福大群體的方式行動。公民權有很多方面，包括團隊工作與忠誠度 [22]。在團隊中具有影響力、對群體有使命的人經常會引發出尊重他人與信守承諾的特質。因為公民權的社會力量使這項明顯的優勢成為界定群體文化的好機會。人表現出準時上班、在時限內努力工作、對同事展現忠誠時，自然就為每個人的行為表現設定判斷的標準。

很幸運的是，公民權是可以拿來做教練服務的優勢。如果你服　182
務的是公司主管，你有大好的機會鼓勵他們扮演良好公民行為
的角色典範。多數年長的經理人與公司主管很可能已經擁有這
些優勢。他們努力工作、主動進取、承擔義務，這些能力讓他
們在工作上位固第一。但是，市場運作不會一成不變：很少員
工會期待整個生涯全都持續留在同一間公司裡工作，而且執
行長（CEOs）與財務長（CFOs）在公司之間的跳槽率比以往
快很多[23]。在這種氣氛下，只要有一點點忠誠度就能夠持續激
勵他人並贏得友誼。

● **公平性（Fairness）**：你曾經在傍晚下班時塞在高速公路上
嗎？當施工迫使道路從三線道變成兩線道時出現塞車的情形是
非常正常的。也許你對這種情境覺得很熟悉：所有車輛趕緊開
向能走的線道，為了要順利通行而耐心等待。接著，剛好有
一輛車子超你的車開到道路縮減的叉路口，而且其他駕駛人也
一樣。我們都有過這種令人憤怒的經驗。這是為什麼呢？因為
當有人為了自己的利益──隱微的或光明正大的──打破規則
時，我們就會被激怒。如果是一輛救護車為了救人而飆車，我
們一點也不會在乎，如果是一般駕駛為了爭道而耍花招，這會
使我們的汗毛都豎起來，因為他破壞我們生活的道德守則。簡　183
單來說，這就是不公平。

　　雖然公平性是我們小時候在生活中和兄弟姊妹爭奪玩具
時學到的概念，但這也是在嚴格的哲學及科學監督下產生的
概念。哈佛哲學家約翰・拉爾（John Rawls）撰寫「分配性
正義」（distributive justice）時，藉由在群體中如何分配財貨
與勞務來測量公平[24]。隨後哲學家羅伯特・諾札克（Robert

Nozick）認為公平性很少是分配上的問題，多數其實是它是怎麼發生的問題 [25]。心理學家在這個領域占有影響力。勞倫斯‧柯博格（Lawrence Kohlberg）投入在發展心理學上，他把三種層次的道德推理加以理論化 [26]。在第一個階段中，公平性被當作一個根據行為的後果來決定酬賞或懲罰的指標。在第二階段中，公平性是實現法律義務或做出法律認為對的事情。最後，在第三階段中，道德推理會受到抽象的正義原則所引導，一旦有責任感地執行正義時，個人會有能力去質疑、挑戰，並長期修正這些原則。

很不幸的是，人類的心智上有一些非常聰明的方法可以避開公平性的基本原則。例如報復、欺騙、行事不公平，因為這些難以辨識的犯罪只是少數而已，我們會說服自己稍微曲解一下規則也沒關係。例如，你不會對降低道德標準贏來的生意感到驕傲，即使只是專業上一般的實務工作也一樣。否則信念的形成就只是你和競爭者比較的結果，而不是出自對個案的考量。這種滑頭的思考長久下來無法贏得友誼、忠誠的員工與個案。

當你與個案合作時注意一下他們對公平性的態度。公平性是他們重視的嗎？他們對公平性的概念有沒有和你契合的或是雙方都不同意的呢？你可以使用超越心態的成本利益分析，依循公平性來進行教練。公平性不只是比成本和風險重要的利益而已。如果你正在處理道德上的兩難，可以試著詢問個案別人對他的行為會有什麼看法，或是在完美的世界中他們會怎麼做。可以詢問一下進行特殊行動的過程中，短期、長期的結果分別會怎樣。你也可以藉由發現個案在生活中想要的公平性，開發個案對道德的堅持。也許他們視在運動競賽或小孩們之中

的公平性很重要。這些例子形成公平性基礎的典範,可以運用到不同工作場合中。最後,能夠辨認公平性、根據公平性行事的個案都是愉快的合作對象。

樂觀的功能不只是鉅額支票或是穩定向前推動的合作階梯。人們普遍認定的好人,是那些擁有穩定特質並且使用正義優勢的人。這些人都是我們可以信任的人,理想上,我們也會想用教練以協助個案成為那樣類型的人。

185

正向心理學教練的行動步驟

1. 史堤夫‧漢尼與達林‧立門的研究顯示，文化對自尊有深刻的影響力。你的教練服務會談是什麼樣的文化呢？你會如何建立成功的文化呢？如果你對一個群體進行教練，你會如何促進每個人磨擦出正向文化的火花？思考一下你會如何組織初次會談、轉介歷程、聯繫、與其他互動，以培養能活化個案增加自信的文化呢？

2. 弱點是生活中無法可避免的一部分。我們都有不足之處還有阿基里斯的腳踝（身上唯一的弱點）。在這些時刻裡，把焦點放在這些區域當作成長的潛在路徑會比較有意義。然而，這些太容易就成為放棄努力的區域了。試著花些時間想一想，如果把手邊的問題當作一個可以使用優勢的區域，單單這樣做就會比硬撐弱點來得更有效。當你採用這個新取向時，注意個案能量層次的提升。

3. 在多數教練服務會談中，任意使用「愛」這個字顯得它分量太輕，帶著親密與性暗示則令人感到負擔太重。思考一下你要如何和個案討論這項重要的優勢。你會用敬佩（admiration）、同袍間的友愛和忠誠（camaraderie）、犧牲（sacrifice）或支持（support）這些字眼嗎？你要如何把個案重視的優點與執行的結果連結在一起呢？

4. 多數面臨挑戰或問題的個案，傾向把焦點放在現實上而忽略社會角色在議題中扮演的方式。社會角色帶著不同的期望與腳本。社會角色告訴我們搭電梯時臉部應該面向前方、保持安靜；在雜貨店結帳要離開時順應一下預期該有的對話。在很多情境中，社會腳本提供行為與互動的方法。你如何能協助個案看見她才是自己腳本的作者，隨意創造出可以幫助她向前行動的修正及小小的改變呢？

延伸閱讀

1. Covey, S. R. (2004). *The 7 habits of highly effective people* (15th ed.).
New York: Free Press.

這是一本經典著作，說明發展出健康、有益的個人習慣會帶來個
人的成功。

2. Dunbar, R. (1998). *Grooming, gossip, and the evolution of language.*
Cambridge, MA: Harvard University Press.

頓巴在書中檢視達爾文、靈長類以及電腦，討論流言蜚語、語言
與其他自然的社會現象。

3. Goleman, D. (1997). *Emotional intelligence: Why it can matter more
than IQ.* New York: Bantam Books.

這是高尼曼的當代經典著作，他把瞭解自己與他人的感受的重要
性，予以大眾化。

4. Goleman, D. (2006) *Social intelligence: The new science of social
relationships.* New York: Bantam Books.

這是高尼曼的書籍，他著眼在社會環境上，討論自然居住環境的
現況。

正向心理學教練服務的特殊主題

CHAPTER 8

協助個案打造完美的工作表現

多數人花在工作上的時間比追求其他生活目標還要多,這點聽起來很令人感到驚訝。多數人一天工作八小時或是更久,工作占了成人生活的三分之一。如果你把通勤、事前的預備、抒解壓力、思考和討論工作相關議題的時間算進去,時間的帳單會增加,工作似乎就是在消費時間。這就在說,美國就像其他地方一樣一星期用五天努力工作、兩天拿來休閒。既然這是五比二的比率,我懷疑我們之中誰有時間分給家庭、興趣與休息。時間的空白欄位被工作填滿可能是造成某些人和工作處於敵對關係的原因。不論你是生涯教練、行政主管教練或生活教練,個案會因為工作議題前來尋求教練服務。我們無可避免地會聽到他們對經理、同事、員工、顧客與競爭者的抱怨。愈來愈多人在三十、四十或五十歲時才瞭解錯失了工

作中某個重要、滿足的部分,很多人找教練協助他們探索選擇。至少某部分來說,協助個案打造他們理想的工作是我們的職責。很幸運的是,成長中的理論與研究可以盡力幫助我們做到這點。

當我們剛認識別人時,我們通常會問「你是做什麼的?」。事實上,這通常是我們會問初識者的第一個問題。我們為什麼要這麼做呢?我們真的在乎他們是脊椎按摩師還是知名工程師嗎?我們這樣問是出於無聊的好奇心,還是因為小聊一番的腳本形成的閒談?

「你是做什麼的？」是一個重要的問題，因為有相當大的程度上工作與自我認同是同義詞。這個問題的答案提供與社會經濟地位、教育背景、個人興趣、價值觀有關的財富訊息。雖然在專業中有許多個別差異，我們可以用一個人的教育程度猜測她是海洋生物專家或是在海軍陸戰隊服務。知道某人是牧師、家庭主婦、政治陳情者、汽車經銷商就會知道她的偏好、可能的興趣、花多少時間等。事實上工作不只是薪資報酬而已。工作最棒的部分是組織我們的時間、提供我們安全感、提供學習和成長的機會、可以享受樂趣。工作對我們的自我認同很重要，我們可以很驕傲地說出職業就像說出我們是誰一樣，我會說：「我們是心理學家」而不是說「我參加很多與心理學專業有關的活動」。尤其對工作不只是為了「維生」的人來說，他可能在追求例如興趣或自我實現這種與工作有關的樂趣。

但是工作的世界不只是這樣而已。員工在職期間對公司保持忠誠度的時光已經過去，他們會跟隨著增加薪資、責任、最後吸引人的退休配套措施來移動。過去二十年間，尤其活躍的資訊科技潮流（information technology, IT）爆發後，為以往接受長期工作的概念打開了視聽。在今日全球化經濟中，工作者會因為身為自由的代言人、更換主管、在家工作持續增加行動力，一直工作到進入傳統退休年齡為止。這個新的系統有好處也有壞處。一方面，工作者出現史無前例的個人自由與經濟流動度。另一方面，工作者對自己的經濟安全增加了責任，經常需要進行地理位置的移動會形成普遍的壓力。很諷刺的是，換工作的自由度也是一項禍害。對他們來說有這麼多可行的機會——這個世界真的是他們可自由利用之物——很多工作者原本為了比較好的職位而離職，卻被選擇權打敗。人都會想是不是應該搬到紐約或舊金山；是不是應該換到新公司或選擇一個

全新的職業。工作跳槽和生涯轉換普遍地增加中，員工在這種新的工作氣氛中，似乎覺得很詭異而無法專心。

在《我應該為人生做些什麼？》（*What Should I Do with My Life?*）這本書裡，作者波·布朗森（Po Bronson）檢視現代對完美職業的研究[1]。布朗森對人在特殊職業中如何發現自我很感興趣。他猜想，人是否想在他們專業中「終老」或是想選擇一直在那裡待著。更重要的是，布朗森對人能做出引導自己找到正確位置的特殊決定感到興趣。他對那些工作時打盹的人、忽視工作的人（就像他曾經也是這樣）、堅持追求有風險的新商機的人感到好奇。布朗森訪問一群人，在檢視他們的生涯軌跡時經常出現令人驚訝的結果。有些和他談話的人，因為個人洞察的豁然開朗而經歷戲劇性的生涯轉變，有些人則對非例行性的工作或常常變動感到滿意。有些人相信真正的使命降臨在他們身上，有些人則看見多元的可能性。最後布朗森做出結論，不論是園丁或電腦程式設計師，人想要發現熱情，朝九晚五也能充滿熱忱與滿足。人想要持續從事感興趣的活動，並且用同樣的方式發現意義。在個人主義的文化裡，我們迴避通用型的解決方法與千篇一律的成功公式。我們想要根據我們的處境想出獨特的答案，擁有一份可以融合優勢、天分與興趣的職業。

這是人與環境適配性的古老問題。或者更直接的說，就是人與**職業**的適配性（person-job fit）。人不只是想要正確的職業——一份有最大賺錢潛力或提供最佳社會地位的工作——我們想要的是真正適合我們的正確職業。理想上，我們想要工作來適應我們，就像戴手套一樣。事實上，我們不只是想要剛好適合而已。我們想要正確的風格、想要兩全其美。最後，我們想要一份可以表達天分與價值觀的職業。

　　檢視人與工作適配性這個主題有個最刺激的方法是由社會學家羅伯特‧貝拉與同事在《心之習性：美國生活的個人主義與承諾》（*Habits of the Heart: Individualism and Commitment in American Life*）[2] 書裡提出來的。這本書在 1980 年代中期出版，是一項要在破碎社會中重建社區的強力呼喚。因為這本書的延伸範圍很廣，很容易忽略貝拉描述「工作定位」（work orientation）這幾頁的重要內容。他和同事描寫與工作有關的三大範疇，他們稱為「事務型、歷練型、使命型」（jobs,careers,callings）（將於下面詳述）。貝拉說，人看待工作的方式會有差異。有些人從事沒有樂趣的工作，只為了勉強湊合足夠的錢付每個月的帳單。其他人期望獲得與工作有關的福利：旅遊、招待的假期、升遷、交際。還有人工作是因為他們相信自己的工作對世界帶來某種可觀的貢獻。最後一群人擁有「使命」，認同良心職業，貝拉與同事把這種視為最可取的類型，因為他們投注個人的熱情為公眾的好事帶來貢獻的感覺。最後，貝拉的「工作定位理論」對教練來說很有用、對個案也有高度吸引力。這個理論很容易解釋，它用全新更令人滿足的方式，為思考工作時提供一個框架和語言。

193

一、工作取向理論的背景

　　有些人比別人更適合某種工作環境，這個說法是廣為人知的。並不是每個人在步調快速的芝加哥貿易交易所都能有所發揮，就像有些人無法擔任會讓人腎上腺素上升的醫務輔助人員一樣。某個程度上人們自己選擇進入工作時，選擇職業是很現實、但是也很吸引人的。對某些人來說，擁有一間肉品店是很具吸引力的，對其他人

來說把生命花在軍隊服務中是很滿足的。你的個案也是一樣。他們在可以扮演優勢或擷取他們注意力的領域中工作。這些人可能不會用會談來做改變。早期在人與職業適配的主題上，心理學研究傾向檢視個人和人口統計變項作為人與職業之間的接觸點。例如研究者會檢視教育程度、性別、人格特質對職業滿意度的影響。

早期有個研究的實例是調查員約翰・賽伯特（John Seybolt）檢視教育對工作滿意度的影響[3]。他假設高學歷的人需要額外的酬賞才會對職業感到滿意。賽伯特說擁有大學與研究所學歷的人，對職業的快樂程度，會和任務的多元性與複雜度有關。你可以隨自己的喜歡自在地解釋研究發現：也許高教育程度的人，需要用智能的複雜度來感到滿足，也許他們很容易感到無聊。例如賽伯特的研究提供了最早的線索說明，雇主層設計適合個人的工作與管理風格以留住他們的員工並且增加生產力。雇主把教育程度或性別納入考量就會發展讓員工滿意的工作文化。人格特質例如外向是特別令人感興趣的項目，而「十六型人格特質分析量表」這類評估人格類型的工具，已經被廣泛使用了。

但是，心理學研究從早期人與環境適配性的主題開始已經行之有年了。我們超越廣泛的人格類型與人口統計變項持續向前進。在這些日子裡，研究者處理個人價值這個令人興奮的領域，至今仍是哲學家與宗教權威的專業領域。這個新的研究路線出現一位閃耀之星，她是愛咪・倫茲尼維斯基（Amy Wrzesniewski）、紐約大學著名史登商業學校的組織心理學家[4]。倫茲尼維斯基採用貝拉的工作定位理論，把這個想法做成測驗，將吸引人的理論放入嚴格的實徵研究中。她在這領域的努力，對於在職業滿意度及其他職場考量方面感興趣的教練來說，這是最振奮人心、有力量、有前途的研究。

194

倫茲尼維斯基為了自己的研究使用貝拉的架構，下面介紹這三種工作定位的類型：

1. **事務型（Jobs）**：事務取向的人，對工作並不特別感興趣。典型上我們認為這些人會工作，是因為他們「必須」如此。這些人不喜歡工作、不認為工作的本質是有價值的，只注意休息和下班。他們不會為朋友承擔工作，他們下班時傾向不要想到工作。這種工作取向人士主要的動力來源是金錢或工作提供的實際好處，例如健康保險。

2. **歷練型（Careers）**：歷練取向的人，比較可能會喜歡他們的工作，而不只是與工作配對而已。歷練取向主要的動力來源是工作的初級利益（例如收入）與次級利益（例如社會地位）。特別是，這些人會被權力、責任及工作帶來的進步所吸引。升遷的想法、加薪、招待的假期、主管的角色都會吸引他們。他們也許會、也許不會喜歡工作上的一切，但是他們會被進步的可能性驅動。這種歷練取向的人有時候會將工作當作墊腳石，讓他們能去某個更好的地方。

3. **使命型（Callings）**：使命取向的人，典型上熱愛並重視他們做的事情以及事情本身。他們也許會因為所做的事得到報酬，但是基本上他們支持「免費付出」的想法。有使命取向的人，一般相信他們的工作能為世界帶來必要且美好的貢獻，不只是為了自己想改善生活品質而已，也為了其他目的而努力。這些人喜歡思考工作，甚至當他們下班、放假時，還是會把工作帶在身邊。要註明一下，這些人不是只會專注在工作上的工作狂（雖然有些人可能是），這些人相信他們在創造更美好的世界。

195

在一份早期的研究中，倫茲尼維斯基好奇貝拉的類型理論在真實世界中是否能真正描繪出人的態度，或者它們是否只是由敏銳心思產出吸引人的理論產物而已。為了測試這一點，倫茲尼維斯基從廣大的職業範圍中評量一百三十五個人[5]。她發現這些人在她的研究裡，明顯會掉進三種類型的其中之一。也就是說人在真實世界中實際上傾向擁有事務、歷練或使命的工作態度。這是很重要的，因為這個理論對個案很有用。倫茲尼維斯基不只發現，這些類型精確描述人如何與工作連結，她也發現大概各三分之一樣本落入每一項類型、人數平均分配在各類中。這就表示你可以期待所有個案有些人屬於事務取向、有些是歷練取向、有些則會是使命取向。接著，倫茲尼維斯基觀察從研究裡抽出二十四個行政助理作樣本，檢視他們的工作定位；結果有驚人的發現：在群體中，幾乎有三分之一的人會認同三種取向的其中一種。

196

> ◎**重點❶** 人與工作的連結方式是很重要的。散布在廣泛職業中的人，會把工作當成是一種事務、歷練或使命。

很令人震憾的一點是：在任何既定的職業中，人可以是事務、歷練或使命定位。如果人為了生活送比薩或是成為高度專業化的外科醫生，這並沒什麼大不了的，重要的是他們如何覺察自己的工作。會有律師討厭自己的職業，但也有熱愛工作的公車司機。有些水管工人會一眨眼間就放棄工作，有些業務員會拖延並吵著要退休。工作定位與資格、學歷背景、甚至特殊專業無關，而是與個人如何詮釋工作、是否認為工作有價值、把工作當作進步的可能性還是擔心的來源有關。

倫茲尼維斯基說出一個她在德州大醫院裡主持研究[6]時感動人心的故事。為了評估工作取向，倫茲尼維斯基對醫院員工進行訪談，包括行政人員、醫生和神職人員。在一個特別的日子裡，倫茲尼維斯基訪談一位長期照護住院病人的護士，那裡的病人都是典型的慢性植物人。這位護士說，有一天，她進去病房時覺得好像有哪裡不一樣。她無法立刻看出是哪裡不同，但是她的潛意識持續保持警覺。最後她猜中了：所有原本在南邊靠牆的病床都被移到北邊去了。北邊靠牆的病床也換了。護士拼湊工友重新排列的圖像。有個男人——根據醫院的階層來說——位於最低階級。他的任務是打掃跟拖地、清理垃圾桶。還有他也做了一些事，儘管是小事卻改善了病人的生活品質。當倫茲尼維斯基訪談這個男人，發現他擁有使命型取向的工作定位。他說，他的工作就像外科醫生一樣重要。他強調他的角色是使醫院保持清潔，若不乾淨，醫生和護士就無法適當的推廣健康服務。因此，在任何既定的職業中每個人可能會有任何一種取向。

有哪一種取向比其他取向來得更好嗎？很多人把事務取向當作非常沒有吸引力、而把使命取向看做最吸引人的一項。研究似乎支持使命取向是值得嚮往的事物。倫茲尼維斯基發現，有使命取向的人會報告高職業滿意度、高生活滿意度，而且主要由使命取向組成的團隊一般來說表現比較好。很有趣的是，主要由歷練取向的人所組成的團隊比較容易起衝突、比較少「團隊精神」、溝通也比較差[7]。這不是對歷練或事務取向的人宣判死刑。這些人當然可以獲得個人滿足，但是比較傾向從休閒而不是工作中獲得滿足感。

◎重點❷ 擁有使命取向的人，對生活與工作比較容易感到滿意。

有一個相關的主題尤其和教練服務特別有關聯，就是指**打造完美的工作表現**（job crafting）的想法。倫茲尼維斯基研究發現最有趣的結果是，很多有使命取向的人自然會用心改變工作上的任務與人際關係。前面描述工友的故事就是打造完美工作表現的最佳例子：重新安排病床位置並不在他工作內容中，他卻能夠在沒有多餘時間與資源的情況下，在工作中增加目的感。用小小的方式開始打造完美的職業表現方式是有很意義的。倫茲尼維斯基與密西根大學的同事珍‧丟頓說明了幾項打造完美工作表現[8]的形式：

- **改變工作項目、範圍或類型**：人經常臨時起意或者用不同的方式改變職業中要完成的任務性質。在有些情況下，公司員工為了組織書面作業而創造出更有效或個人化的意義系統。其他情況是同事放假時，其他人會幫同事的盆栽澆水，而當事人並沒有提出這樣的要求。有一個在都市停車場工作的服務員，在「停工休息」時間改善售票亭，從改良原本不舒服的椅子到設計蒐集汽車鑰匙的彩色編碼系統。當他被問到這份「額外的工作」時，這位服務員說他覺得很容易做到而且舒服許多。你可以建議個案尋找一些類似的機會，在工作中做出小小的、但是有意義的改變。

- **改變職場人際互動品質和次數**：人在工作時常常會修正人際互動的品質與型態。例如美髮師經常會詢問顧客個人問題而且自我揭露。事實上這個現象是很平常的，我們常常會想到談話是美髮造型經驗的一部分。在針對美髮師的研究中可以觀察到，有時候他們會故意懲罰拒絕自我揭露的顧客，或「點燃」顧客以創造更多想要的互動[9]。同樣的，對話能力在多數參與訪談

198

的計程車司機身上默默被發現。計程車司機常常將社會互動加入他們基本的工作項目中，使他們的工作更有樂趣。你可以問個案工作上的社會互動品質，把能讓個案變得更好的小方法加以策略化。

199

● **改變工作的認知界限：**這裡是指人認為自己在做什麼工作的思考方式。他們認為自己參與例如準備報告的抽象任務？或是把這些活動視為能製造一個大整體，例如協助把一個優越的產品帶入市場中？例如，與蓄電池有關的業務員會把工作當成供給與販售特殊配備，就像賣電腦配件一樣的特殊配備；或是他們可以將工作視為教育消費者進行商品選擇的脈絡，協助他們選擇適合需求的產品。對這些動作迅速、依據更大的好處來看待工作的人，結果得到更滿意的生活。在個案討論工作時試著去注意她的語言。她把工作當成什麼？她根據特別任務還是一般任務的想法去談論工作？

> ◎**重點❸** 人類，尤其是具有使命取向的人，會修正職務中的任務與人際關係，讓工作更有意義。

　　打造完美的工作表現，這個現象與法國國際商業學校的組織行為專家何明尼亞‧艾巴拉（Herminia Ibarra）提出完美工作的概念一致。在艾巴拉《工作認同》（*Working Identity*）書中論述我們真實的「工作認同」──也就是說，我們如何看待自己與職業的關係──實際上會一直改變[10]。這並不令人驚訝，因為人會對工作變得滿意，或是尋找新的挑戰、從工作中發現新意義。這是在天分的發揮、價值觀轉移、關係改變、自我成長感受中，自然產生的個人

發展。為了鼓勵深度的改變，艾巴拉要讀者藉由打造經驗例如志願 200
服務、上課或訪問不同專業的人，來經歷多元的工作認同。

我們曾對經歷不同工作方式的個案進行教練服務。有一個為大
型政府組織做事的科學家，他選擇在華盛頓特區的環境倡導團體中
當志工。雖然他有博士學位、也是高度特殊領域的專家，但是他把
經驗寫成信件寄給報社編輯，滿足了平常工作無法帶給他的部分。
這份隱含的價值——想要對世界持續貢獻的渴望——錯失在朝九晚
五的例行工作中，所以他的志願服務經驗帶來興奮有效的教練服務
會談，他討論如何把專業工作打造成能實現天馬行空需求的方法。

艾巴拉提取心理學家北山忍（Shinobu Kitiyama）與哈澤爾·
馬庫斯（Hazel Markus）對「可能的自我」（possible selves）的研
究[11]。這二位研究者對文化議題特別熱衷，而且對東方集體主義者
例如日本人有強烈的興趣，用這點來對照西方個人主義者的自我意
識。北山、馬庫斯與其他調查這個主題的人說，集體主義者比美國
人更可能擁有容易變動的認同感[12]。相反的，西方國家的人傾向認
為特質會隨著時間與情境而逐漸穩定，集體主義者則自在於根據社
會情境而快速轉變的認同感。西方人傾向相信有一個真實的自我，
研究者發現，日本人相信的是多元的自我，包括公開與私人自我二
個部分[13]。

這個研究路線，將工作放入「可能的自我」的概念來看，認同
的轉移不只是可信的、也是無法避免的。打造完美的工作表現與測
試新的自我認同是流動性的活動，都符合教練力圖轉變的本質。這
是允許人去經歷我們是誰的自由、也是與貼近工作的方式一起玩耍
的喜悅。我們從大海撈針尋找獨一真我中解放，可以自由的冒險、 201
自動自發、以及進行最重要的成長。

二、評估

因為工作表示「我們是誰」這種重要的層次，組成我們生活裡的絕大部分，所以評估工作取向與生活目的會特別有用。很幸運的是，現在有一些測量這些概念的可靠方式，都很容易瞭解與完成而且都是免費的。在此我們呈現的是倫茲尼維斯基對工作取向的測量方法。

（一）工作取向

倫茲尼維斯基與同事發展評估工作取向的測量方法[14]。評估表第一部分呈現三種簡潔陳述，每一項都在描述一種工作取向。個案被要求閱讀每一種陳述，用 1 到 4 分標出符合他（她）現況的程度。為了注意避免污染答案，這份評估表應該在和個案討論工作取向之前就先給他們做（例如包括先對適合的個案介紹這份測量的書面作業和教練服務契約）。

（二）評估工作取向

請閱讀下列三段短文。在你閱讀所有短文後，標出每一種和你相似的程度並圈選一個答案：

1. 類型 A 的人，工作主要的目的是為了賺取足夠金錢以支持工作之外的生活。如果他們的經濟無虞，他們就不會繼續從事現在的工作，反而會比較想做一些其他替代的事情。對這些人來說，工作基本上是生活必需品，就像呼吸或睡覺一樣。他們經常希望工作時間可以趕快過去。他們喜歡週末與假期。如果這

些人再活一次，他們可能不會做同樣的工作。他們不會鼓勵朋友或小孩從事這份工作。類型 A 的人會很渴望退休。

2. 類型 B 的人，基本上很享受他們的工作，但是不會期望在現在的工作待上五年。反而他們計畫換到更好、職位更高的工作。他們為了真正想要把握的位置會有許多未來的目標。有時候他們的工作看起來像在浪費時間，但是他們知道為了要跳槽，就必須在現在的位置待得夠久。類型 B 的人會迫不及待想要升遷。對他們來說，升遷表示有好工作在招手，這是與同事競爭成功的信號。

3. 類型 C 的人，工作是生活中最重要的一部分。他們在工作中非常愉快。因為他們以什麼維生對「自己是誰」來說是很重要的，這是他們告訴別人的第一件事，而且與他們切身相關。他們傾向把工作帶回家、放假時也是。他們主要的朋友是在工作中認識的，他們會歸屬在幾個工作相關的組織和俱樂部。他們對工作的感覺很好，因為他們熱愛工作、認為會使世界更好。他們會鼓勵朋友或孩子從事這份工作。如果類型 C 的人被強迫停止工作會非常不舒服，他們不會特別期待退休。

類型 A 的人：

(a)非常像我　　　　　　　　(b)有點像我

(c)不太像我　　　　　　　　(d)完全不像我

類型 B 的人：

(a)非常像我　　　　　　　　(b)有點像我

(c)不太像我　　　　　　　　(d)完全不像我

類型 **C** 的人：

(a)非常像我   (b)有點像我

(c)不太像我   (d)完全不像我

計分：

工作取向的計分十分簡單。基本上來說，個案與其他取向相比
會強烈認同其中一種取向，與這些工作描述的相似程度就是他
們的工作取向。

（三）職場正向心理學

1.「工作取向」： 在我們的經驗中工作取向會很吸引個案，尤其是
用非評斷的字眼進行教練服務的時候。我們非常佩服個案願意
為了支持家庭而在不快樂的職場中工作，但是伴隨歷練取向的
雄心壯志則會導致成就與成功。不管個案的特殊工作取向為
何，評估工作態度是改變的重要步驟。與個案評估並討論工作
取向會帶來有生產力的教練服務會談。這種對話為多元處遇方
法提供基礎，包括承認事績、重新框架和使用後設觀點等。

我們發現對個案有效的處遇方法之一就是使用工作取向連結職
業，激發個案的特殊之處。在我們的經驗中，個案對於如何和
同事連結、是否喜歡自己的工作等擁有直覺。雖然很少個案會
系統性估計不同的工作領域：他們的通勤、薪水、主管、實際
的任務與活動、同事、與目標相關的長期努力等。個案認可的
工作取向不只為討論這些議題開啟一道門，也可以為檢視這些
領域提供框架。

2.「打造完美的工作表現」：你可以建議個案尋找為工作做出微小修正的機會來與個案合作。也許你和個案已經在努力了，但是打造完美工作表現的研究，為討論這些議題提供一個很好的表達方式。對某些人來說，在特定職業項目外從事工作的點子，似乎是令人懷疑的做法。但是這個正確的問題卻照亮一個事實，我們工作的每個時刻都是製造差異的機會。我們和誰吃飯、我們如何擺飾桌子、我們穿什麼、我們如何使用 e-mail 都是工作要素如何對產生工作滿意度帶來重要貢獻的例子。對於和主管的關係感到掙扎的人，打造「向上管理」的表現就像醫生的囑咐而已。那些對公司產品或服務失去信心的人，要經常有雅量、有責任感或是與同事維持有意義的關係才行。藉由把工作重新框架變成不只是手邊被分派的任務；打造完美工作表現的主意經常允許個案發展自主意識，對工作這個主意進行腦力激盪。

205

3. 工作認同的經驗：為了能更詳盡描述打造經驗與轉換工作認同感，在這裡介紹你讀艾巴拉的書（參考書目放在本章最後面）。

206

正向心理學教練的行動步驟

1. 你可以決定如何使用工作取向，在教練服務實務中打造完美的工作表現。你只是和個案分享研究就足夠了嗎？你可以用這些概念當基礎，發展哪些強而有力的問句呢？你會如何在實務中評估工作意義與工作取向？當你要執行時，個案適合哪些評估方法？

2. 思考一下你自己的工作取向。有的時候你真的很重視工作，而大部分時間你發現被工作的賺錢潛力所吸引嗎？你認為你的教練服務實務能成為別人努力向上的墊腳石，程度有多少？尤其你認為你的教練服務對世界的貢獻是什麼？

3. 與朋友、同事、家人分享一下工作取向以及打造完美工作表現的點子。和其他人討論這些議題會增進你清楚表達重點的能力。還有，在你和個案使用資訊前，它會提供機會讓你回答問題與重點。

207

延伸閱讀

1. Bellah, R., Madsen, R., Sullivan, W. M., Swidler, A., & Tipton, S. (1996). *Habits of the heart: Individualism and commitment in American life.* Berkeley, CA: University of California Press.

   書中對美國的個人主義進行強烈的批判，也提出參與建立社區的使命。

2. Bronson, P. (2003). *What should I do with my life?* New York: Random House.

   此書說明人用每天的運氣、反思、創造力來發現自我，是一本風格簡潔的訪談之作。

3. Frankl, V. (1959). *Man's search for meaning*. New York: Washington Square Press.

弗蘭柯自我揭露在德國納粹集中營的經驗，並反映發現生活意義的重要性。

4. Ibarra, H. (2004). *Working identity: Unconventional strategies for reinventing your career*. Boston, MA: Harvard Business School Press.

書中介紹許多艾巴拉發現對工作有意義又有效的策略。

9 正向心理學教練服務未來的發展

CHAPTER

教練服務就部分來說是會得到報酬的，因為它努力處理人最棒的部分而不是最差的部分。它與利用資源、奮發爭取卓越、用最可行的動態方式促進個人成長有關。正向心理學作為生活定位的一個方向能與教練服務適配，就好像戴大小剛好的手套一樣。正向心理學會問：「你做對了什麼？」而在家庭與工作上為忙碌的生活提供必要的指引方針。還有，正向心理學作為一門科學派別，為詢問與回答人類改變及成長的重要問題提供了具藝術性的方法。雖然正向心理學研究提供的資訊有時候似乎很像常識，但很棒的是現代科學證實了我們的理論。正向心理學研究超越直覺，協助我們瞭解多元的教練服務取向如何有效、為什麼有效，而不只是瞭解它做了什麼而已。也許更重要的是，正向心理學研究是一盞聰明的探照燈，照亮最有前途的新方向，讓我們的精力、時間與金錢花在研發有效的

評估與處遇方法上。簡單地說，正向心理學對教練來說是豐富的新領域，就像是一片幾乎很難不去注意的美景。早期那些幸運或有遠見的拓荒者在支持這些主張時，會在振奮人心的教練服務新方向最前線感到猶豫不決。

我們知道要設定撇開情緒行為的邏輯才能質問嚴厲的問題，就像我們在對個案進行諮詢一樣。例如，懷疑正向心理學是否只是一

時流行的假設是很合理的。正向心理學這個媒體寵兒是一兩年內就會枯竭並且變得不適用嗎？簡單來說，思考一下是否值得花時間精力學習新的理論技術、讓自己熟悉新的評估方法會是很聰明的考慮。我們相信答案是「是的，正向心理學是值得的」。我們認為正向心理學擁有很多優點，使它容易向大眾與組織推廣。而且更重要的是我們相信正向心理學能夠屹立不搖。從現在開始到數年後，人們還是會用正向心理學作為教練服務、評估技巧與工作坊內容的基礎。

一、是什麼讓正向心理學有效

對教練來說使用正向心理學是有意義的。對很多人而言，正向心理學對多年來已經在做的事情只是一個新品牌。很多教練已經有了傳統會把聚焦在建立個案優勢、檢視過去的成功而非錯誤，當作未來的準則。不要只是聳聳肩、假定正向心理學沒有帶來什麼，反而要考慮研究一下這個領域的可能性、使用精緻的語言描述你所做的事、用精緻的方法判斷它為什麼有用以及對誰有用。正向心理學不該是理論的替代品、科學分支或告訴你教練服務會有效的來源。相反的，正向心理學對這些來說，應該是一項容易使用的附屬品。

211

是什麼讓正向心理學這麼容易使用？為什麼用正向心理學定錨的工作坊與教練服務實務會吸引各單位組織的注意？為什麼大眾會想友好地接近它？我們相信這個振奮人心的心理學支派有很多具高度吸引力的優點。第一，正向心理學是正向的。人們傾向被覺得不錯、也會讓自我感覺良好的計畫和活動所吸引。但是，如果正向心理學只是一時感覺不錯的胡鬧舉動，它是不會持久的。相反的，正向心理學真正的優點在於它是有效的。各單位組織因為正向心理學

產生的結果，開始轉向這個新領域。艾力克斯・林立是英國瓦立克郡領導正向心理學的研究者，他稱正向心理學對管理者與工作者來說是「雙贏」的局面[1]。他問，如果能讓員工更努力工作、實際改善工作品質、對公司保持忠誠，誰不會被這種計畫所吸引？在最近的訪談中他告訴我們：「正向心理學提到重要的底限：生產力與利潤。但是同時它也提到員工的福利。」

這個觀點引起蓋洛普組織的迴響，他們有很多個案看到把焦點放在職員優勢與創造工作文化上的第一手好處。蓋洛普的職員湯姆・瑞斯（Tom Rath）是前任蓋洛普執行長，他與接手的執行長、也是撰寫暢銷書《你的桶子有多滿？》的作者唐・克立夫頓，一起介紹在很多工作上實際使用正向策略的好處[2]。瑞斯與克立夫頓在書中揚棄負向文化、努力增加職場裡的正向情緒，他們說不是因為某些天真的快樂觀點，而是因為他們很熟悉正向感能增加生產力的研究所致。如果發展天分、感覺美好、使用個人優勢都不能吸引人投入、也無法吸引自己的話，瑞斯和唐認為他們就應該為了個別工作者與公司的收穫而努力。

艾力克斯・林立知道不光是正向心理學本身很吸引人，理論本身也是重要的原因。他告訴我們：「過去商業界發現的能力模式，假定每位職員基本上都可以勝任一切。傳統上評價職員的焦點會放在職員和去年同期的表現做比較上。但是正向心理學取向的焦點則是放在潛能、未來的精通與表現上。它給予個人天分、協助單位組織把人員配置在他最擅長的位置。企業的氣氛可以持續改變，正向心理學就是未來表現的最佳預測指標。」

212

最後，正向心理學對在商業中努力的教練同樣提供競爭上的好處。從這個領域中整合理論、處遇方法、評估工具，就為個案提供最尖端的工具，就像科學方法提供信賴度一樣。還有，正向心理學

的信條以希望個案發生動態個人成長為基礎，可以應用在你自己的生活中。

二、正向心理學未來的方向

　　然而，如果正向心理學是一個能歷久不衰的概念，這樣投入其中才會有意義。沒有人想要遇到學習新素材的困境，或是把玩可能剛學完第二天就會被懷疑或日後會被丟掉的專業新技巧。很幸運的是，正向心理學在這裡出現了可以延續下去的訊號。自從大概七年前開始這個領域蒸蒸日上，持續獲得來自學者、捐款者、組織及媒體的注意。

　　賓夕法尼亞州立大學研究所的應用正向心理學課程──這類課程的濫觴──教育指導者是詹姆斯・帕華斯基（James Pawelski），他相信正向心理學正在獲取動力。「這個領域獲得的注意力，正在持續成長中」帕華斯基在電話訪談中這樣告訴我們，也標示出他說中了最近媒體統計的成果。「正向心理學現在在哈佛大學裡是最受歡迎的課程，已有超過八百位學生修過這門課，電視節目『60分鐘』（60 Minutes）最近來校園拍攝正向心理學的片段。《時代雜誌》（Time）已經有一篇以快樂為主題的封面故事，述說一個二十五萬美金的正向心理學獎項。喜劇演員亞可・斯莫諾夫（Yakov Smirnoff）就是我們碩士班課程的畢業生。」在Google新聞搜尋引擎中能展示出每天全球報章雜誌各個正向心理學文章標題。

　　帕華斯基很快就指出就算有媒體的注意和受大眾歡迎的成功形式，也無法保證正向心理學能歷久不衰。「新聞故事像是引燃物」他告訴我們：「它們帶來熊熊烈火，卻無法持久。正向心理學如果要持續燃燒，就需要提供木柴作燃料。」這項永續的燃料會是什麼

呢？「正向心理學只有在適時支持它的情境中才能持續。很幸運的是有這樣的適切情境存在。我們在賓夕法尼亞的課程就是一個範例。年復一年，我們訓練人在生命腳步中採取正向心理學，應用到他們的組織中。我想一旦你改變了組織文化，你就會看見持續的改變」。

　　帕華斯基指出兩項最近由賓夕法尼亞正向心理學課程畢業生剛完成的頂尖課程[3]。在第一個例子中，學生為溫德比特大學甘迺迪中心參加營隊的唐氏症兒童設計正向處遇計畫。學生採用定錨在研究與實務中的技術能夠按照服務對象的特殊需求而修正。在第二個例子中，學生為賓夕法尼亞州立大學課程標示出背景條件不佳的研究生提供正向心理學諮詢服務。這些頂尖計畫包括針對課程現存的優勢、回顧正向心理學文獻的需求等進行策略性評估。接受諮詢的人相信，這項納入研究的背景調查會對條件不佳學生產生課程資訊與洞察，這有助於創建處遇計畫。可以想像你能從正向心理學資料庫獲得正向心理學教練服務，並且可以回顧以個案為基礎、為他們設計個別化計畫的相關文獻、評估和處遇。

214

　　甚至，正向心理學長期成功的關鍵就在於新的研究。如果正向心理學應用的具體細節是「河川下游」，帕華斯基的碩士課程就是「中游」，把研究翻譯成可以使用的工具並訓練學生——很多人都成為專家——在不同體系中使用這些工具。但是對正向心理學未來持續在任何方面都可以被評估的需求下，需要有真實的「上游」當作生產來源。上游，是正向心理學關心的地方，也就是指新的研究。調查正向心理學主題的科學家，被美國、加拿大、澳洲、英國、德國、挪威、南非，可能還有世界上一半以上的國家所雇用。在每個地方，新的畢業生會持續針對天分、樂觀主義、快樂、未來道德觀做研究。但是帕華斯基相信，正向心理學如果能在博士的層級以上

會更制度化。由公認大學頒發正向心理學博士學位會是明顯的第一步，正向心理學博士學位，帕華斯基說就像正向心理學在專業心理學體系的分類一樣，例如美國心理學學會與英國心理學學會。

215

跨國來看，英國的正向心理學研究者艾力克斯・林立也同意這個說法。林立是應用正向心理學中心（CAPP）創始人，這是一個以成立正向心理學研究所為目標的歐洲機構，就像提供企業顧問服務一樣。CAPP自然成為賓夕法尼亞州立大學的歐洲分部，提供歐洲在這個領域上的第一個碩士學位。林立最近從家裡打電話與我們聯繫。他提醒說：「用相當狹窄的焦點來看，正向心理學一直有可能成為快樂感的科學，但是我並不認為有這種可能性。正向心理學不只提供這些……它談論的是承諾、復原力和其他關切的主題。」林立不只同意正向心理學在這裡所談到的部分，他也相信最重要的種子已經散播下去。林立說，正向心理學代表的是必要且容易蔓延出去的典範轉移。「我們持續注意正向心理學在學術、健康照護、經濟、公共政策上的既定主題」確實，許多有遠見的經濟政策，準備好要評估在英國已經積極開展、在蘇格蘭已獲得關注的主觀幸福感。林立用他語調清晰又熱情的口吻告訴我們：「人們正在整合正向與負向。正向心理學不是否認負向，而是把被忽略的正向附加到負向上面去。這是第一次我們獲得一個完整的觀點。」

三、正向心理學教練服務未來的方向

學習這本書裡的素材與技術會給教練一個可行的競爭優勢，也顯示正向心理學是動態的。隨時都會產生新發現，知識的最新狀態也持續在流動中。例如，在撰寫與出版這本書的期間，新資訊就已

經用振奮人心的方式附加在其中了。然後，正向心理學教練要如何
與最新資訊保持同步呢？我們在此想要誠實的承認這本書只是對正
向心理學教練服務的一種介紹方式，而不是廣泛的訓練手冊。我們
希望這些內容已經介紹給你新鮮的新素材，促使你胃口大開。即便
如此，我們承認這本書充其量有很多調查過程，卻不是一張進修文 216
憑。正向心理學教練應該期待這個領域能改變，而且用發展良好的
方式趕上這項改變。這點可以透過同儕諮詢團體、認捐正向心理學
期刊與表單的服務、參加會議，也可以透過閱讀新書標題、評估正
向心理學網站的新內容來達成。特別是，正向心理學教練的未來看
起來像是什麼？它可能涉及三項相關要素：評估方式、處遇方法與
傳遞服務的途徑。

（一）評估方式

正向心理學研究持續進行著，正向歸因的評估變得更普遍、更
通俗、更容易使用。心理學家與其他社會科學家把注意力轉移到正
向主題上，我們將會開始看見針對因應方式、個人潛力、專業成
長、決定、好奇心、正向感、樂觀主義以及其他相關主題，發展出
新興測量方式。這些測量會帶給教練新穎有效的方法去詢問個案的
資源，協助教練界定用技巧與天分把好處擴大的方法。還有，數位
管理趨勢會持續成長，網路評估會更便宜、更方便、比以往更容易
使用，也為你的個案提供附加價值。

另一個一般在心理學上讓人振奮的新方向，尤其對正向心理學
來說，就是神經顯影與其他生物學的測量方法。科學家使用功能性
核磁共振造影技術（fMRI），例如對大腦活動、壓力賀爾蒙、免疫
反應進行測量，找出情緒與行為的生理反應，比較能瞭解人如何因
應壓力。一旦這些技術變得比較便宜、比較便於攜帶、更容易使用

217　的時候，你會持續發現書面與網路評估在今天已經被很多教練使用了。

想像有一個工作場域，在每一個電腦滑鼠上搭配特殊感應器以監控膚電反應（GSR），皮膚用導電能力——配合情緒的激發——共同產生自然波動。GSR 滑鼠可以監控工作者每天的壓力，當某個事件出現使壓力到達某種臨界點時，電腦螢幕的對話框就會出現個別化的處遇方法。這聽起來像是虛構一場嗎？卡洛‧高夫曼是一位教練兼哈佛大學講師，他提到羅吉森公司（Logisens Corporation）已經在使用這種技術，其他有創造力的公司在不久的將來也會創造出類似的創新做法[4]。同樣地，在網路上進行每時刻的測量，未來在教練服務中會更廣泛使用。就像數位攝影給學生立即的線上回饋、改變了學生學習藝術的方法一樣，工作上的回饋會幫助個案瞭解過去沒有的想法、感覺及行動。

（二）處遇方法

現今有很多正在進行的教練服務處遇方法都屬於常識性工具，在看似正確的時刻被使用。我們身為教練，要做到鼓勵、挑戰、質疑與慶祝等處遇方法。這些處遇方法經常有效，但有時候沒有效果。毫無疑問的，這些是促成既定處遇方法得到最後成果的複雜因素。結果可能會依個案面臨的特殊問題而定，例如個案的工作動機與獨特的人格。藉由科學測試，教練可以覺察現在使用的處遇方法能展現的最大承諾為何。還有，處遇方法的系統性測試能讓你更瞭解針對什麼類型的個案、什麼類型的問題、什麼是教練服務關係的重點等方面要搭配什麼處遇方法比較有效。

218　正向心理學教練的未來，會迅速被大量實徵有效的處遇方法、挑出許多特殊問題及個案群體來標示。為了和正向心理學取向的內

涵一致，處遇方法會喚醒內在資源、優勢、潛力與幸福感。在撰寫這本書的同時已經有許多具希望感的處遇方法，例如要教育個案為了滿足感與自己的正向代表作（已經在第四章中詳述）而擁有實際經驗，同時也調查相關成效。最後，雖然未來處遇方法的特殊性會由教練的創意來決定，但謹慎的科學結果是可以相信的：實徵有效的正向處遇方法數量會成長，這會是對各大單位組織的主要賣點。

（三）傳遞服務的途徑

對於接受教練服務兩三年以上的人來說，可能會看見技術的改變如何影響教練實務。最近幾年，長途遠距電信設備看起來有大躍進，例如教練定期使用會客室與團體討論、VOIP 網路電話削減全球長途費率、網路攝影機可以用來進行視訊會議。無法預知下一個十年會為市場帶來什麼新的革命性技術，直接對傳遞教練服務的途徑造成衝擊。

這裡有個可行的方法就是使用網路的研究資料庫，這種科技能提升正向心理學的教練實務。訂購裡面登錄廣泛的正向心理學研究的網路資料庫。想像一下這種資料庫會因為這個領域的專家學者，透過篩選期刊、尋找最有希望的處遇方法與振奮人心的新理論，定期進行更新。想像一下，只要開機輸入**動機、效能、建立團隊、領導力**，或是與個案迫切在乎的事有關的研究關鍵字，一個固有的搜尋引擎就會交叉查詢這些關鍵字，用文章、理論、評估方式、處遇方法等字詞相關性列出文章清單。這種資料庫因為提供以著名科學為基礎的實務工作自信心，使教練成為擁有正向心理學研究第一手資料的專家。這種實務工作的方法會節省勞力，允許教練依賴提供網路基本內容的學術守門人、對守門人的專業產生信任，也允許教練把焦點放在社會敏銳度與其他處遇技巧上。

219

對有些讀者來說，這種景況似乎像是呼吸新鮮空氣或只是代表未來幾年的光景一樣普通。對其他讀者來說，即使他們可以為個別的個案修正有效的處遇方法，但是仰賴資料庫似乎太過機械化了。針對這些懷疑者，我們建議使用科學與技術時必須要在教練服務的藝術範圍內才行。就像詹姆斯・帕華斯基說：「醫學領域已經高度手冊化了。為了要進行診斷出現很多特殊標準還有對適當處方的高度認同。但是這樣並沒有賦予醫療任何藝術感，也不會減少醫生的個人角色、個人經驗或獨特的天賦才能。」[5] 我們相信這對正向心理學教練服務來說同樣也是事實。我們認為未來會為了實務工作而增加科學基礎，但是對教練服務這個精緻的系統取向來說，不需要刻意刪除教練個人天賦或經驗的角色。

四、結論

最後，正向心理學不只是每個人面帶笑容、從此過著幸福快樂的生活這種美式風格的「快樂學」。反之，正向心理學教練服務是一種專業的可能性、承諾與答案，號召以實徵有效的處遇與評估作為形式的科學支持。這很容易變成對個案與單位組織推銷的賣點，因為這是吸引人的、更為重要而且有效的。正向心理學對教練服務來說完全合身，是一個能和教練服務共享成功、優勢、其他正向主題與結果的穩固取向。而且正向心理學貫串許多理論，所以它是可以被每個人接受的小玩意而不用在乎常常要緊握理論定位基礎、醜陋的專業勢力戰爭。正向心理學教練服務是你多年來已經在做的事情，現在更加強了對它的確定感。這是一項謹慎且責任重大的實務工作，而且地位與價值仍在提升中。

規劃正向心理學教練服務會談

當教練技巧如此眾多時，要從事教練就要有很多方法。我們當中有些人很機智、有些很武斷、有些會體貼地接觸個案。當會談包括一些直接的教導時 [1]，有人相信教練服務主要是一項能令人感到方便的行動。重點是，有時候對於什麼是教練服務、要如何操作等想達到共識是很困難的。儘管有不同的專業取向，但是教練服務某部分仍獲得普遍的認同。例如，很多教練都同意，合作式的教練服務關係本身對改變歷程來說不可或缺。很明顯的是，規劃一次會談無法適用所有情況。我們主要想用附錄當作思考的來源，你可以依自己的喜好修正、接受或拒絕它，它不是千篇一律的正向心理學教練服務模式。

從正向心理學觀點來看，教練服務最重要的部分就是把焦點放在優勢與困境中的正向力量。設計正向心理學教練服務會談時，應該利用這些強而有力的工具。正向心理學教練服務獲得認可的特質，就是一種為了評估成功而使用證據為本的取向與系統化方法的偏好。一場正向心理學教練服務會談就如你所期望的一樣，會包含某種正統測量的形式。同時，科學裡的正向焦點與基礎對我們選擇的專業工作來說，使正向心理學教練服務成為一種動態的取向。

對我們來說，正向心理學甚至在教練服務會談開始前就已經開始了。這對教練要變得正向又能有效處理個案來說，就像個案想要在會談中揭露想要改變的承諾是一樣重要的。我們持續記錄喜歡個案什麼部分來做到這一點。這裡包括優勢、人格特質、興趣或個人相似點。我們經常匆匆記下一張清單包括「善於表達」、「富有想像力」、「來自奧勒崗州」。任何提醒我們個案是有趣、有價值的人的都是可以記下來的重點。根據我們的經驗，花一點時間或在會談前調解這些可愛的特質能幫助會談有個好開始。

在開始進行正向心理學教練服務會談時也一樣，不論是介紹初次會談，或是與持續會談的個案見面都可以使用。我們建議你用「優勢介紹」來開始。教練服務會談最棒的部分就是你可以玩耍或去除一般用在對話中的社會規則。你可以創造讓個案吹牛、做白日夢、表現愚蠢或對老闆表達憤怒的空間。**優勢介紹**是把舊的社會腳本丟出窗外，生動開啟新事物的完美例子。你不需要查出個案從哪裡來、他是否已婚或從事什麼類型的工作。稍後會有很多時間做這些事。反而要嘗試訴說你的優勢，使用優勢趣聞來介紹你自己。但是過度介紹優勢會脫離禮貌的對話，會讓很多人覺得不舒服。所以身為教練，你必須為個案創造安全的環境才能讓他自我讚賞，就像下面安插的例子一樣：

教練：馬克，如果你都已經準備好了，我想要請你告訴我一項你最棒的優勢作為開始。也許可以用一個故事來告訴我，你什麼時候使用這項優勢。

馬克：我最棒的優勢？嗯……我想我相當外向。一般人認為我是個容易交朋友的人。我通常對參加派對很在行。

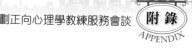

教練：這很了不起。我認為容易交朋友的人都很有趣。但是我真的
　　　想知道你的優勢。我真的很好奇。所以，讓我們再來一次，
　　　但是這次由我開始。這樣對你來說可以嗎？

馬克：當然，請便。

教練：不知道你之前有沒有發現，我最棒的優勢就是我的好奇心
　　　了。我對每一件事情都感到好奇。當我還是小孩子的時候，
　　　我會躲進閣樓的大皮箱裡、讀書、探索鄰近地帶。有一次，
　　　我很好奇在鎮上是否有任何人跟我的名字一樣，我就去查電
　　　話簿。最後我打電話給這個人……很意外的……你猜怎麼
　　　著？結果我們真的變成好朋友了！

馬克：哇！

教練：好，現在換你了。

馬克：喔，讓我想想。我……我不知道要怎樣確切說明，所以只好
　　　告訴你一個故事。我申請進研究所時被要求參加一場面試。
　　　當時我正在高速公路上開車，有一部卡車翻覆了，我立刻把
　　　車停到旁邊，跳進卡車駕駛座，提供司機第一線援助。

教練：哇！

馬克：是啊，當我最後到達面試會場的時候，我的襯衫上沾有
　　　血跡。

教練：我的天啊！你被研究所錄取了嗎？

馬克：〔笑〕是啊，我被錄取了。

教練：聽起來你真的很勇敢。

馬克：我想是的。

教練：喔，我不是猜測喔。對我來說，你聽起來相當勇敢。事實
　　　上，我認為你今天打電話給我，就是一個勇敢的小表現。

224

　　另一個開啟會談很棒的方法，尤其在面對持續進行會談的個案時會很有效，就是使用幽默感。當然，教練要如何自在地使用幽默感因人而異，但是你能做的就是在會談開始時，引發會對結果產生影響的「正向心情」。和某些個案工作時，你也許要選擇開玩笑；面對其他個案時，你也許真的要講個笑話才行。有時候，我們在開始腦力激盪前會對個案說笑話，用來引發正向的好處例如創造力。對於天生不是很詼諧的教練來說，邀請個案講述發生在他們身上的趣味小故事，也是引發正向心情的好方法。

　　其他在介紹正向心理學教練的要素時，可以使用「基準線評估」（baseline assessments）。聽到個案說享受會談或覺得有幫助是一件很棒的事情，但是蒐集個案進步的實際資料也很好。當然某種程度上，你選擇蒐集的資訊類型會被個案會談的內容所支配。另一方面，如果個案來找你表明了想要改善工作關係，你可能會想發展可以看見關係改善的方法。也許是因為你對個案說話時就已經這麼做了。正向心理學允許你用其他更正式、有豐富資訊且容易使用的測量方法。我們建議你用一些測量方法作為教練服務實務工作的主要產品。我們認為要求個案在第一次和第二次會談間進行性格優勢 VIA-IS 評估，會是在日後談話時觸發個人資源的好方法。我們也建議你使用一般生活滿意度的測量方法例如「生活滿意度量表」（Satisfaction with Life Scale，放在附錄最後），就像測量樂觀的「生活定向測驗」（Life Orientation Test，請見 http://www.psy. miami.edu/faculty/ccarver/scILOT-R.html）一樣。

　　這會讓你看到個案一開始就對未來多麼有正向感，描繪超越教練服務關係的滿意度。稍後，你可以用這些測量方法來擴展實務工作。想像一下，平均來說個案和你一起努力三個月之後會說對未來變得更有希望、對生活更滿意，你會有數據回應這項聲明。還有，

如果教練服務契約的長度、會談持續的時間或其他有趣的變項都會影響個案進步，你也可以自己去發現這些部分。

也許正向心理學測量方法最重要的是，你可以和個案一起使用，也可以合併到教練服務會談裡來用。正向心理學研究人員稱之為「**專業滿意度測量**」（domain satisfaction measure），但是在樸實的英國，則會詢問個案不同生活層次的滿意度，例如婚姻、收入、交通往返、家庭、辦公室、生涯、假期時光等等。這幾個變項，你可以修正成含蓋與個案有關的特殊生活與工作專業領域的變項。不論你和個案選擇聚焦在哪些實際領域，這些測量在同一個基本原則上都是有用的。每一個題目都要用評分的方式讓個案標出滿意程度。圖 A.1 是專業滿意度測量的例子。它叫做「平衡生活柱狀圖」

226

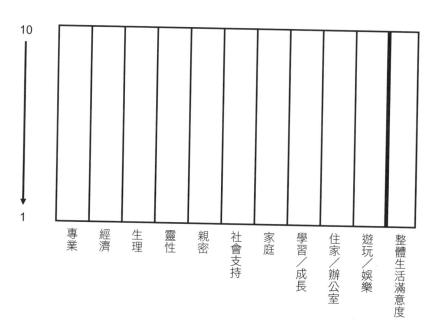

❖ **圖 A.1　平衡生活柱狀圖**

資料來源：Ben Dean, PhD, and MentorCoach, LLC. Copyright 1999.

225　（Pillars of a Balanced Life），是心靈導師教練取向在教練服務過程
裡使用的一部分。

226　　　　你可以使用「平衡生活柱狀圖」與個案練習一起為教練服務關
係界定方向。你只要讓個案用 1 到 10 分標出每個特殊領域的滿意
度即可。使用柱狀圖活動的優點在於能測量個案隨著時間變化的滿
意度，建立起基準線，也可以幫助你和個案找出一起合作的方向。
如果透過柱狀圖的活動，有個案告訴你，她對工作非常滿意但是對
經濟狀況非常不滿，這就可以成為教練服務會談內容的建議。不只
詢問經濟狀況是不是她想要努力的部分，也建議連結到她對工作高
度滿意卻對薪水不滿的問句。這份「平衡生活柱狀圖」依據的假設
227　是，生活各領域能夠流動。一個領域的成功，會使個案在其他領域
也充滿活力。

　　　　這裡也有幾個變項可以用柱狀圖協助個案發展行動。「生活平
衡柱狀圖」就像它的結果一樣，它不只是一份簡單的滿意度測量工
具而已，你也可以用它當作處遇方法。有一個能幫助會談向前推動
的方法就是讓個案找出他可以努力的領域。我們幫他找出工作——
他評為 6 分——當作值得聚焦的領域。詢問個案 6 分代表什麼意
義。他會列一些理由，給你機會去看看他在工作上什麼部分有進
步、真正的問題在哪裡。接著，詢問個案做些什麼可以讓分數提高
到 6.5 分。用一個很容易的問句就可以把焦點轉移到未來，提供他
適切又能達到的目標。當你的個案列出跳躍 0.5 分需要的行動時，
試著把他釘牢在一個穩固的承諾中。在我們的經驗裡，用這個方法
會讓個案真正享受柱狀圖的練習。它讓個案覺得有希望，能夠為了
改善生活列出明顯可努力的清單。

　　　　另一個能用柱狀圖練習的變項就直接奠基在正向心理學研究
上。我們之前提過適應力與快樂感。記得我們怎麼說明強烈的快樂

並不持久，因為人類會調適回到生物性天生設定的情緒範圍中嗎？這就表示快樂有其理想的程度……個案仍然可以得到一切極大的好處，但不用設定不切實際的快樂強度。事實上哪裡才是快樂的理想程度呢？如果你想像從 1 到 10 分的量表上，1 分是非常不快樂、10 分是非常快樂、5 分是一般感受的話，那麼神奇的理想快樂指數應該位在 7 分或 8 分上。例如嬰兒出生、加薪、放假的福利、贏得樂透獎等新奇的事情都會讓個案的分數跳到 10 分，但是他們會掉回到正常的 7 或 8 分。在教練服務會談期間透過一些教導的說明，可以讓這項事實用在個案的好處上。只要告訴個案快樂有理想程度，然後看看他們是否開始去想像不同的分數。突然間，6 分只是一個距離理想數字的指標，而不是有 99% 個案認為距離應該努力爭取完美的 10 分還少了 4 分。在練習時這樣使用柱狀圖可以讓個案放開情緒的陷阱，也可以讓他們在會談感到放鬆。

228

　　超越基準線的測量能為教練服務工作列出方向，所以正向心理學可以用很多方式發展你的會談。這整本書充滿可以與個案一起使用的正向心理學處遇方法。書裡有不同的途徑：能讓你根據你的偏好以及讓個案感舒服的區域，好好使用這些方法。

- 你可以使用正向心理學處遇方法當作「家庭作業」。有許多練習，例如第四章裡提到的感恩練習就是指派家庭作業的典範。
- 你可以「使用操作說明」作為正向心理學處遇方法。你可以告訴個案這本書裡含蓋的研究。例如，練習一下我們在第六章討論凱渥與斯崔爾區分「捨棄努力」與「捨棄目標」二者。也許可以從你和個案產生對話的基礎上來講述這份研究。
- 你可以在會談期間**片刻使用正向心理學處遇方法**。當既定會談的內容出現適合的時機，你就可以建議個案採用處遇方法。例

如你可能會用部分的會談,與個案一起回顧過去成功經驗的正向回憶。或者你會選擇依循「打造完美的工作表現」的可能性,進行腦力激盪。

229　　正向心理學教練服務取向,不是教練服務的理論教條。我們不在乎你的背景屬於人力資源管理還是心理動力取向心理治療。不論你對公司行政人員進行教練,或是對家鄉的人提供生活教練服務,這都沒關係。在任何一個例子中,正向心理學都能提供新奇、科學化的基礎方式去思考個案和個案互動。而且進行正向心理學教練服務會談無所謂對或錯的方式,我們希望你使用直覺、實務的智慧與創意來對個案使用正向心理學。

生活滿意度量表 [2]

(Diener, Emmons, Larsen, & Griffen, 1985)

下面有五個陳述句,你可能同意,也可能不同意。下列在每一題項前的底線上,從 1 到 7 選出一個符合的數字標示你對每一題的同意程度。回答時請保持開放與誠實。

7—完全同意

6—同意

5—有些同意

4—無意見

3—有些不同意

2—不同意

1—完全不同意

＿＿＿＿＿ 我的生活裡，有很多方面都接近我的理想。

＿＿＿＿＿ 我的生活條件很優渥。

＿＿＿＿＿ 我對我的生活感到滿意。

＿＿＿＿＿ 到目前為止，我得到生活中想要的重要事物。

＿＿＿＿＿ 如果我的生活可以重來，我幾乎不會改變什麼。

計分：

230

35—31　　相當滿意

26—30　　滿意

21—25　　有些滿意

20　　　　一般

15—19　　有些不滿意

10—14　　不滿意

5—9　　　相當不滿意

其他正向心理學量表可以在下面的網站查閱：

www.personalitystrengths.com

www.ppc.sas.upeen.edu/ppquestionnaires.htm

Notes
註 釋 ✎

第一章：教練服務的矛盾與正向心理學解決之道

1. "Message from the ICF President" (p. 5), by S. Mitten, in *Proceedings of the Third International Coach Federation: Coaching Research Symposium*, F. Campone and J. L. Bennett (Eds.), November 2005, Lexington, MA: International Coach Federation.

2. "The Proposal to Establish a Special Group in Coaching Psychology," by S. Palmer and A. Whybrow, 2005, *Coaching Psychologist*, *1*, pp. 5–11.

3. "Toward a Positive Psychology of Executive Coaching" (pp. 287–304), by C. Kaufman and A. Scoular, in *Positive Psychology in Practice*, P. A. Linley and S. Joseph (Eds.), 2004, Hoboken, NJ: Wiley.

4. "Keeping Up with the Cheese! Research as a Foundation for Professional Coaching of the Future" (pp. 1–19), by A. Grant, in I. F. Stein and L. A. Belsten (Eds.), *Proceedings of the First ICF Coaching Research Symposium*, November 2003, Mooresville, NC: Paw Print Press.

5. *Proceedings of the First ICF Coaching Research Symposium*, by I. F. Stein and L. A. Belsten, (Eds.), 2004, Mooresville, NC: Paw Print Press.

6. "Coaching Eye for the Research Guy and Research Eye for the Coaching Guy: 20/20 Vision for Coaching through the Scientist-Practitioner Model" (pp. 13–21), by D. R. Stober, in *Proceedings*

of the Second ICF Coaching Research Symposium, I. F. Stein, F. Campone, and L. J. Page (Eds.), November 2004, Washington, DC: International Coach Federation.

7. "Dialogue and Research in the Development of Coaching as a Profession" (p. 5), by W. B. Pearce, in *Proceedings of the Third International Coach Federation: Coaching Research Symposium*, F. Campone and J. L. Bennett (Eds.), November 2005, Lexington, MA: International Coach Federation.

8. Richarde, P. (May 25, 2006). Comments at the Third Annual Conference of the Association of Coach Training Organizations (ACTO), Toronto, Canada.

9. *Evidence Based Coaching Handbook*, by D. Stober and A. Grant, 2006, Hoboken, NJ: Wiley.

10. *International Positive Psychology Summit Panel*, speech presented at the Fourth International Positive Psychology Summit, by J. Clifton, Washington, DC, September/ October 2005.

11. 詳見註釋 4。

12. "Cognitive-Behavioral, Solution-Focused Life-Coaching: Enhancing Goal Striving, Well-Being, and Hope," by L. S. Green, L. G. Oades, and A. Grant, 2006, *Journal of Positive Psychology*, *1*, pp. 142–149.

13. *Toward a Psychology of Being*, second edition, by A. H. Maslow, 1968, New York: Van Nostrand.

14. *Authentic Happiness: Using the New Positive Psychology to Realize Your Potential for Lasting Fulfillment*, by M. E. P. Seligman, 2002, New York: Free Press.

（中譯：《真實的快樂》，洪蘭譯，遠流出版社）

15. 詳見註釋 14。

16. "The Benefits of Frequent Positive Affect: Does Happiness Lead to Success?" by S. Lyubomirsky, L. King, and E. Diener, 2005, *Psychological Bulletin, 131*, pp. 803–855.

17. 詳見註釋 16。

18. "Findings on Subjective Well-Being: Applications to Public Policy, Clinical Interventions, and Education" (pp. 679–692), by W. Pavot and E. Diener, in *Positive Psychology in Practice*, P. A. Linley and S. Joseph (Eds.), 2004, Hoboken, NJ: Wiley.

19. *The Psychology of Happiness*, second edition, M. Argyle, 2001, New York: Routledge.

20. 詳見註釋 19。

21. *The Psychology of Ultimate Concerns: Motivation and Spirituality in Personality*, by R. Emmons, 1999, New York: Guilford Press.

22. 詳見註釋 21。

23. 詳見註釋 21。

24. "From the Equator to the North Pole: A Study of Character Strengths," by R. Biswas-Diener, 2006, *Journal of Happiness Studies, 7*, pp. 293–310.

25. 詳見註釋 21.

26. *Character Strengths and Virtues: A Handbook and Classification*, by C. Peterson and M. E. P. Seligman, 2003, Washington, DC: American Psychological Association.

27. "Practical Wisdom: Aristotle Meets Positive Psychology," by B. Schwartz and K. Sharpe, 2006, *Journal of Happiness Studies, 7*, pp. 377–395.

28. "Turning Adversity to Advantage: On the Virtues of the Co-Activation of Positive and Negative Emotions" (pp. 211–225), by J. T. Larsen, S. H. Hemenover, C. J. Norris, and J. T. Cacioppo, in *A Psychology of Human Strengths: Fundamental Questions and Future Directions for a Positive Psychology*, L. G. Aspinwall and U. M. Staudinger (Eds.), 2002, Washington, DC: American Psychological Association.

29. "Crafting a Job: Revisioning Employees as Active Crafters of Their Work," by A. Wrzesniewski and J. E. Dutton, 2001, *Academy of Management Review*, *26*, pp. 179–201.

30. *Habits of the Heart: Individualism and Commitment in American Life*, by R. N. Bellah, R. Madsen, W. M. Sullivan, A. Swidler, and S. M. Tipton, 1996, Berkeley: University of California Press.

31. "Jobs, Careers, and Callings: People's Relations to Their Work," by A. Wrzesniewski, C. R. McCauley, P. Rozin, and B. Schwartz, 1997, *Journal of Research in Personality*, *31*, pp. 21–33.

第二章：快樂：我們很少談論的目標

1. "The Benefits of Frequent Positive Affect: Does Happiness Lead to Success?" by S. Lyubomirsky, L. King, and E. Diener, 2005, *Psychological Bulletin*, *131*, pp. 803–855.

2. *Nicomachean Ethics*, trans. M. Ostwald, Aristotle, 1999, Upper Saddle River, NJ: Prentice-Hall.

3. "Positive Psychology: An Introduction," by M. E. P. Seligman, and M. Csikszentmihalyi, 2000, *American Psychologist*, *55*, pp. 5–14.

4. 詳見註釋 1。

5. *How Full Is Your Bucket? Positive Strategies for Work and Life*, by T. Rath and D. O. Clifton, 2004, New York: Gallup Press.
（中譯：《你的桶子有多滿？：樂觀思想的神奇力量！》，張美惠譯，商智出版社）

6. *International Positive Psychology Summit Panel*, speech presented at the 4th International Positive Psychology Summit, by J. Clifton, Washington, DC, September/October, 2005.

7. "Happiness, Inc.," by J. Zaslow, March 18, 2006, *Wall Street Journal*, p. P1.

8. "Positive Emotions in Early Life and Longevity: Findings from the Nun Study," by D. D. Danner, D. A. Snowdon, and W. V. Friesen, 2001, *Journal of Personality and Social Psychology, 80*, pp. 804–813.

9. "Very Happy People," by E. Diener and M. E. Seligman, 2002, *Psychological Science, 13*, pp. 81–84.

10. "The Art of Living by Dispositionally Happy People," by A. Abbe, C. Tkach, and S. Lyubomirsky, 2003, *Journal of Happiness Studies, 4*, pp. 385–404.

11. "Why Are Some People Happier than Others? The Role of Cognitive and Motivational Processes in Well-Being," by S. Lyubomirsky, 2001, *American Psychologist, 56*, pp. 239–249.

12. "Is Life Getting Better? How Long and Happily Do People Live in Modern Society?" by R. Veenhoven, 2005, *European Psychologist, 10*, pp. 330–343.

13. "Interpersonal Flourishing: A Positive Health Agenda for the New Millennium," by C. D. Ryff and B. Singer, 2000, *Personality and Social Psychology Review, 4*, pp. 30–44.

14. "Objective Happiness" (pp. 3–27), by D. Kahneman, in *Well-Being: Foundations of Hedonic Psychology*, D. Kahneman, E. Diener, and N. Schwarz (Eds.), 1999, New York: Russell Sage Foundation.

15. 詳見註釋 14。

16. 詳見註釋 14。

17. "Long-Term Meditators Self-Induce High-Amplitude Gamma Synchrony during Mental Practice," by A. Lutz, L. L. Greischar, N. B. Rawlings, M. Ricard, and R. J. Davidson, 2004, *Proceedings of the National Academy of Sciences*, *101*, pp. 16369–16373.

18. *Positive Affect: Perspectives from Affective Neuroscience*, paper presented at the annual Positive Psychology Summit, by R. Davidson, October 2001, Washington, DC.

19. "An Experience Sampling and Cross-Cultural Investigation of the Relation between Pleasant and Unpleasant Affect," by C. N. Scollon, E. Diener, S. Oishi, and R. Biswas-Diener, 2005, *Cognition and Emotion*, *19*, pp. 27–52.

20. "Facial Expression and Emotion," by P. Ekman, 1993, *American Psychologist*, *48*, pp. 384–392.

21. "Subjective Well-Being," by E. Diener, 1984, *Psychological Bulletin*, *95*, pp. 542–575.

22. "A Multitrait-Multimethod Examination of Affect Structure: Hedonic Level and Emotional Intensity," by R. Larsen and E. Diener, 1985, *Personality and Individual Differences*, *6*, pp. 631–636.

23. "Most People Are Happy," by E. Diener and C. Diener, 1996, *Psychological Science*, *7*, pp. 181–185.

24. "Most People Are Pretty Happy, but There Is Cultural Variation: The Inughuit, the Amish, and the Maasai," by R. Biswas-Diener, J. Vitterso, and E. Diener, 2005, *Journal of Happiness Studies*, *6*, pp. 205–226.

25. "Happiness of the very wealthy," by E. Diener, J. Horwitz, and R. Emmons, 1985, *Social Indicators Research*, *16*, pp. 263–274.

26. "Emotions across Cultures and Methods," by C. N. Scollon, E. Diener, S. Oishi, and R. Biswas-Diener, 2004, *Journal of Cross-Cultural Psychology*, *35*, pp. 304–326.

27. *Toward a Psychology of Being,* 2nd ed., A. H. Maslow, 1968, New York: Van Nostrand.

28. "Relationship between Attitudes and Evaluative Space: A Critical Review, with Emphasis on the Separability of Positive and Negative Substrates," by J. T. Cacioppo and G. G. Berntson, 1994, *Psychological Bulletin*, *115*, pp. 401–423.

29. *The Expression of the Emotions in Man and Animals*, by C. Darwin, 1998, Oxford: Oxford University Press (Original work published 1872).

30. "What Good Are Positive Emotions?" by B. L. Fredrickson, 1998, *Review of General Psychology*, *2*, pp. 300–319.

31. 詳見註釋 30。

32. 詳見註釋 30。

33. *Happiness: The Nature and Nurture of Joy and Contentment*, D. Lykken, 1999, New York: St. Martin's Griffin.

34. 詳見註釋 33。

35. "Re-Examining Adaptation and the Set-Point Model of Happiness: Reactions to Changes in Marital Status," by R. E. Lucas, A. Clark, Y. Georgellis, and E. Diener, 2003, *Journal of Social and Personality Psychology*, *84*, pp. 527–539.

36. "Unemployment Alters the Set Point for Life Satisfaction," by R. E. Lucas, A. E. Clark, Y. Georgellis, and E. Diener, 2004, *Psychological Science*, *15*, pp. 8–13.

37. 詳見註釋 36。

38. 詳見註釋 14。

39. "What to Do on Spring Break? The Role of Predicted, on-Line, and Remembered Experience in Future Choice," by D. Wirtz, J. Kruger, C. N. Scollon, and E. Diener, 2003, *Psychological Science*, *14*, pp. 520–524.

40. http://www.psych.uiuc.edu/ ～ ediener.

41. *The Pursuit of Happiness*, D. Myers, 1992, New York: Avon Books.

42. 詳見註釋 33。

第三章：選擇快樂：目標、關係及正向思考

1. *Happiness: The Nature and Nurture of Joy and Contentment*, by D. Lykken, 1999, New York: St. Martin's Griffin.

2. "Subjective Well-Being: Three Decades of Progress," by E. Diener, E. Suh, R. Lucas, and H. Smith, 1999, *Psychological Bulletin*, *125*, pp. 276–302.

3. "Pursuing Happiness: The Architecture of Sustainable Change," by S. Lyubomirsky, K. M. Sheldon, and D. Schkade, 2005, *Review of General Psychology*, *9*, pp. 111–131.

4. "Value Pathways to Well-Being: Healthy Values, Valued Goal Attainment, and Environmental Congruence" (pp. 68–85), by L. Sagiv, S. Roccas, and O. Hazan, in *Positive Psychology in Practice*, P. A. Linley and S. Joseph (Eds.), 2004, Hoboken, NJ: Wiley.

5. *The Psychology of Happiness*, second edition, by M. Argyle, 2001, New York: Routledge.

6. "Optimistic Explanatory Style" (pp. 244–256), by C. Peterson and T. Steen, in *Handbook of Positive Psychology*, C. R. Snyder and S. Lopez (Eds.), 2002, New York: Oxford University Press.

7. *The Psychology of Ultimate Concerns: Motivation and Spirituality in Personality*, by R. A. Emmons, 1999, New York: Guilford Press.

8. Paper presented at the BPS Coaching Psychology meeting, by M. Cavanaugh, London, December 2005.

9. "Resources, Personal Strivings, and Subjective Well-Being: A Nomothetic and Idiographic Approach," by E. Diener and F. Fujita, 1995, *Journal of Personality and Social Psychology, 68*, pp. 926–935.

10. 詳見註釋 7。

11. 詳見註釋 7。

12. 詳見註釋 7。

13. 詳見註釋 7。

14. 詳見註釋 7。

15. "Further Examining the American Dream: Differential Correlates of Intrinsic and Extrinsic Goals," by T. Kasser and R. M. Ryan, 1996, *Personality and Social Psychology Bulletin, 22*, 280–287; "Pursuing Personal Goals: Skills Enable Progress but Not All Progress Is Beneficial," by K. M. Sheldon and T. Kasser, 1998, *Personality and*

Social Psychology Bulletin, *24*, pp. 1319–1331.

16. "The Structure of Goal Contents across 15 Cultures," by F. Grouzet, T. Kasser, A. Ahuvia, J. Dols, Y. Kim, S. Lau, et al., 2005, *Journal of Personality and Social Psychology*, *89*, pp. 800–816.

17. "Conflict among Personal Strivings: Immediate and Long-Term Implications for Psychological and Physical Well-Being," by R. A. Emmons and L. A. King, 1988, *Journal of Personality and Social Psychology*, *54*, pp. 1040–1048.

18. "The Psychological Trade-Offs of Goal Investment," by E. M. Pomerantz, J. L. Saxon, and S. Oishi, 2000, *Journal of Personality and Social Psychology*, *79*, pp. 617–630.

19. "The Self-Concordance Model of Healthy Goal-Striving: When Personal Goals Correctly Represent the Person" (pp. 65–86), by K. M. Sheldon, in *Handbook of Self-Determination Research*, E. L. Deci and R. M. Ryan (Eds.), 2002, Rochester, NY: University of Rochester Press.

20. 詳見註釋 5。

21. "The Nature of Love," by H. Harlow, 1958, *American Psychologist*, *13*, pp. 673–685.

22. *In the Belly of the Beast: Letters from Prison*, by J. H. Abbott, 1991, New York: Vintage Press.

23. "Very Happy People," by E. Diener and M. E. Seligman, 2002, *Psychological Science*, *13*, pp. 81–84.

24. "The Need to Belong: Desire for Interpersonal Attachments as a Fundamental Human Motivation," by R. F. Baumeister and M. R. Leary, 1995, *Psychological Bulletin*, *117*, pp. 497–529.

25. "Making the Best of a Bad Situation: Satisfaction in the Slums of Calcutta," by R. Biswas-Diener and E. Diener, 2001, *Social Indicators Research*, *55*, 329–352; "The Subjective Well-Being of the Homeless and Related Lessons for Happiness," by R. Biswas-Diener and E. Diener, 2006, *Social Indicators Research*, *76*, pp. 185–205.

26. 詳見註釋 5。

27. *The High Price of Materialism*, by T. Kasser, 2002, Cambridge, MA: MIT Press.

28. "The Power of High Quality Connections" (pp. 263–278), by J. E. Dutton and E. D. Heaphy, in *Positive Organizational Scholarship: Foundations of a New Discipline*, K. S. Cameron, J. E. Dutton, and R. E. Quinn (Eds.), 2003, San Francisco: Berrett-Koehler.

29. "Optimistic Explanatory Style" (pp. 244–256), by C. Peterson and T. Steen, in *Handbook of Positive Psychology*, C. R. Snyder and S. Lopez (Eds.), 2002, New York: Oxford University Press.

30. *The Pursuit of Happiness: Discovering the Pathway to Fulfillment, Well-Being, and Enduring Personal Joy*, D. G. Myers, 1992, New York: Avon Books.

31. *Learned Optimism: How to Change Your Mind and Your Life*, by M. E. P. Seligman, 1998, New York: Free Press.
（中譯：《學習樂觀，樂觀學習》，洪蘭譯，遠流出版社）

32. *Overcoming Destructive Beliefs, Feelings, and Behaviors: New Directions for Rational Emotive Behavior Therapy*, A. Ellis, 2001, New York: Prometheus Books.

33. "Loss Aversion in Riskless Choice: A Reference Dependent Model," by A. Tversky and D. Kahneman, 1991, *Quarterly Journal of Economics, 106*, pp. 1039–1061.

34. "Using the past to Enhance the Present: Boosting Happiness through Positive Reminiscence," by F. B. Bryant, C. M. Smart, and S. P. King, 2005, *Journal of Happiness Studies, 6*, pp. 227–260.

35. *Authentic Happiness: Using the New Positive Psychology to Realize Your Potential for Lasting Fulfillment*, by M. E. P. Seligman, 2002, New York: Free Press.

第四章：多面向的快樂學處遇方法

1. Personal communication, S. Foster, 2006.

2. "Are Scandinavians Happier than Asians? Issues in Comparing Nations on Subjective Well-Being" (pp. 1–25), by E. Diener and S. Oishi, in *Politics and Economics of Asia*, F. Columbus (Ed.), 2004, Hauppauge, NY: Nova Science.

3. "Orientations to Happiness and Life Satisfaction: The Full Life versus the Empty Life," by C. Peterson, N. Park, and M. E. P. Seligman, 2005, *Journal of Happiness Studies, 6*, pp. 25–41.

4. "What Good Are Positive Emotions?" by B. L. Frederickson, 1998, *Review of General Psychology, 2*, pp. 300–319.

5. *Authentic Happiness: Using the New Positive Psychology to Realize Your Potential for Lasting Fulfillment*, by M. E. P. Seligman, 2002, New York: Free Press.

（中譯：《真實的快樂》，洪蘭譯，遠流出版社）

6. "Achieving Sustainable Gains in Happiness: Change Your Actions, Not Your Circumstances," by K. M. Sheldon and S. Lyubomirsky, 2006, *Journal of Happiness Studies*, 7, pp. 55–86.

7. *Quality of Life Therapy: Applying a Life Satisfaction Approach to Positive Psychology and Cognitive Therapy*, M. B. Frisch, 2006, Hoboken, NJ: Wiley.

8. 詳見註釋 7。

9. "A Randomized Evaluation of Quality-of-Life Therapy with Patients Awaiting Lung Transplantation," by J. R. Rodrigue, M. A. Baz, M. R. Widows, and S. Ehlers, 2005, *American Journal of Transplantation*, 5, pp. 2425–2432.

10. *Opening Up: The Healing Power of Expressing Emotion,* by J.W. Pennebaker, 1997, New York: Guilford Press.

11. "The Health Benefits of Writing about Life Goals," by L. A. King, 2001, *Personality and Social Psychology Bulletin*, 27, pp. 798–807.

12. "Personal Goals and Psychological Growth: Testing an Intervention to Enhance Goal-Attainment and Personality Integration," by K. M. Sheldon, T. Kasser, K. Smith, and T. Share, 2002, *Journal of Personality*, 70, pp. 5–31.

13. *The Psychology of Happiness*, second edition, M. Argyle, 2001, New York: Routledge.

14. "Positive Moods Derived from Leisure and Their Relationship to Happiness and Personality," by P. Hills and M. Argyle, 1998, *Personality and Individual Differences*, 25, pp. 523–535.

15. "Using the past to Enhance the Present: Boosting Happiness through Positive Reminiscence," by Bryant, F. B., Smart, C. M., and King, S. P., 2005, *Journal of Happiness Studies*, 6, pp. 227–260.

16. 詳見註釋 1。

17. 詳見註釋 15。

18. "The Costs and Benefits of Writing, Talking, and Thinking about Life's Triumphs and Defeats," by S. Lyubomirksy, L. Sousa, and R. Dickerhoof, 2006, *Journal of Personality and Social Psychology*, *90*, pp. 692–708.

19. "Forgiveness and Happiness: The Differing Contexts of Forgiveness Using the Distinction between Hedonic and Eudaimonic Happiness," by J. Maltby, L. Day, and L. Barber, 2005, *Journal of Happiness Studies*, *6*, pp. 1–13.

20. "Facilitating Forgiveness: Developing Group and Community Interventions" (pp. 482–503), by F. D. Fincham and T. B. Kashdan, in *International Handbook of Positive Psychology in Practice: From Research to Application*, P. A. Linley and S. Joseph (Eds.), 2006, Hoboken, NJ: Wiley.

21. "The Grateful Disposition: A Conceptual and Empirical Topography," by M. E. McCullough, R. A. Emmons, and J. Tsang, 2002, *Journal of Personality and Social Psychology*, *82*, pp. 112–127.

22. "Counting Blessings versus Burdens: An Experimental Investigation of Gratitude and Subjective Well-Being in Daily Life," by R. A. Emmons and M. E. McCullough, 2003, *Journal of Personality and Social Psychology*, *84*, pp. 377–389.

23. "Positive Psychology Progress: Empirical Validation of Interventions," by M. E. P. Seligman, T. Steen, N. Park, and C. Peterson, 2005, *American Psychologist*, *60*, pp. 410–421.

24. 詳見註釋 21。

25. "The Benefits of Frequent Positive Affect: Does Happiness Lead to Success?" by S. Lyubomirsky, L. King, and E. Diener, 2005, *Psychological Bulletin, 131*, pp. 803–855.

26. "Doing Well by Doing Good: Benefits for the Benefactor" (pp. 227–248), by J. A. Piliavin, in *Flourishing: Positive Psychology and the Life Well-Lived*, C. L. M. Keyes and J. Haidt (Eds.), 2002, Washington, DC: American Psychological Association.

27. *Benefits of Positive Emotion*, paper presented at the Subjective Well-Being Conference, by L. King, April 2006, St. Louis, MO.

28. "Happy People Become Happier through Kindness: A Counting Kindness Intervention," by K. Otake, S. Shimai, J. Tanaka-Matsumi, and B. L. Fredrickson, 2006, *Journal of Happiness Studies, 7*, pp. 361–375.

29. 詳見註釋 5。

第五章：善用優勢的教練服務

1. "Strengths Coaching: A Potential-Guided Approach to Coaching Psychology," by P. A. Linley and S. Harrington, 2006, *International Coaching Psychology Review, 1*, pp. 37–46.

2. "Positive Psychology Progress: Empirical Validation of Interventions," by M. E. P. Seligman, T. Steen, N. Park, and C. Peterson, 2005, *American Psychologist, 60*, pp. 410–421.

3. "Personal Goals, Life Meaning, and Virtue: Wellsprings of a Positive Life" (pp. 275–289), by R. A. Emmons, in *Flourishing: Positive Psychology and the Life Well-Lived*, C. L. M. Keyes and J. Haidt (Eds.), 2003, Washington, DC: American Psychological Association.

4. *The Relative Value of Three Methods of Improving Reading: Tachistoscope, Films, and Determined Effort,* by J. W. Glock, Unpublished doctoral dissertation, 1955, University of Nebraska, Lincoln; cited in "Investing in Strengths" (pp. 111–121), by D. O. Clifton and J. K. Harter, in *Positive Organizational Scholarship,* K. S. Cameron, J. Dutton, and R. Quinn (Eds.), 2003, San Francisco: Berrett-Koehler.

5. *Character Strengths and Virtues: A Handbook and Classification,* by C. Peterson and M. E. P. Seligman, 2004, Washington, DC: American Psychological Association and Oxford University Press.

6. "From the Equator to the Arctic: A Cross-Cultural Study of Strengths and Virtues," by R. Biswas-Diener, 2006, *Journal of Happiness Studies,* 7, pp. 293–310.

7. "Elevation and the Positive Psychology of Morality" (pp. 275–289), by J. Haidt, in *Flourishing: Positive Psychology and the Life Well-Lived,* C. L. M. Keyes and J. Haidt (Eds.), 2003, Washington, DC: American Psychological Association.

8. 詳見註釋 5。

9. "Strengths of Character and Well-Being," by N. Park, C. Peterson, and M. E. P. Seligman, 2004, *Journal of Social and Clinical Psychology,* 5, pp. 603–619.

10. *A Primer in Positive Psychology,* by C. Peterson, 2006, New York: Oxford University Press.

11. *Strengths Quest: Discover and Develop Your Strengths in Academics, Career, and Beyond,* second edition, D. O. Clifton, E. Anderson, and L. A. Schreiner, 2006, New York: Gallup Press.

12. 詳見註釋 2。

13. "Practical Wisdom: Aristotle Meets Positive Psychology," by B. Schwartz and K. E. Sharpe, 2006, *Journal of Happiness Studies*, 7, pp. 377–395.

14. *Co-Active Coaching: New Skills for Coaching People toward Success in Work and Life*, by L. Whitworth, H. Kimsey-House, and P. Sandhal, 1998, Palo Alto, CA: Davies-Black.

15. Cavanaugh, M. (December 2005). Paper presented at the BPS Coaching Psychology meeting, London.

16. 詳見註釋 5。

第六章：個人優勢的教練服務

1. *Character Strengths and Virtues: A Handbook and Classification*, by C. Peterson and M. E. P. Seligman, 2004, Washington, DC: American Psychological Association.

2. *A Geography of Time: The Temporal Misadventures of a Social Psychologist, or How Every Culture Keeps Time Just a Little Bit Differently*, by R. Levine, 1998, New York: Basic Books.

3. "Balancing Time Perspective in Pursuit of Optimal Functioning" (pp. 165–180), by I. Boniwell and P. G. Zimbardo, in *Positive Psychology in Practice*, A. Linley and S. Joseph (Eds.), 2004, Hoboken, NJ: Wiley.

4. 詳見註釋 2。

5. *Savoring: A New Model of Positive Emotion*, by F. Bryant and J. Veroff, 2007, Mahwah, NJ: Erlbaum.

6. 詳見註釋 5。

7. "Elevation and the Positive Psychology of Morality" (pp. 275–289), by J. Haidt, in *Flourishing: Positive Psychology and the Life Well-Lived*, C. Keyes and J. Haidt (Eds.), 2003, Washington, DC: American Psychological Association.

8. "Social Comparison in Adjustment to Breast Cancer" (pp. 151–165), by J. V. Wood, S. E. Taylor, and R. R. Lichtman, in P. Salovey and A. Rothman (Eda). *Social Psychology of Health*, 2003, New York: Psychology Press.

9. 詳見註釋 7。

10. *Helplessness: On Depression, Development, and Death*, by M. E. P. Seligman, 1975, New York: Freeman.

11. *Learned Optimism: How to Change Your Mind and Your Life*, by M. E. P. Seligman, 1998, New York: Free Press.
（中譯：《學習樂觀，樂觀學習》，洪蘭譯，遠流出版社）

12. 詳見註釋 11。

13. "Optimism" (pp. 231–243), by C. Carver and M. Sheier, in *Handbook of Positive Psychology*, C. R. Snyder and S. Lopez (Eds.), 2002, New York: Oxford University Press.

14. "Hope Theory: A Member of the Positive Psychology Family" (pp. 257–276), by C. R. Snyder, K. Rand, and D. Sigmon, in *Handbook of Positive Psychology*, C. R. Snyder and S. Lopez (Eds.), 2002, New York: Oxford University Press.

15. "Optimistic Explanatory Style" (pp. 244–256), by C. Peterson and T. Steen, in *Handbook of Positive Psychology*, C. R. Snyder and S. Lopez (Eds.), 2002, New York: Oxford University Press.

16. "Three Human Strengths" (pp. 87–102), by C. Carver and M. Sheier, in *A Psychology of Human Strengths: Fundamental Questions and Future Directions for a Positive Psychology*, L. Aspinwall and U. Staudinger (Eds.), 2002, Washington, DC: American Psychological Association.

17. 詳見註釋 16。

第七章：社會優勢的教練服務

1. *Grooming, Gossip, and the Evolution of Language*, by R. Dunbar, 1998, Cambridge, MA: Harvard University Press.

2. "Work Happy: Developing Employee Engagement to Deliver Competitive Advantage," by M. Stairs, 2005, *Selection and Development Review*, *21*, pp. 7–11.

3. "Move the Body, Change the Self: Acculturation Effects on the Self-Concept" (pp. 305–331), by S. J. Heine and D. R. Lehman, in *The Psychological Foundations of Culture*, M. Shaller and C. S. Crandall (Eds.), 2004, Mahwah, NJ: Erlbaum.

4. *Habits of the Heart: Individualism and Commitment in American Life*, updated edition, by R. N. Bellah, R. Madsen, W. M. Sullivan, A. Swidler, and S. M. Tipton, 1996, Berkeley: University of California Press.

5. *Effective Teamwork: Practical Lessons from Organizational Research*, second edition, M. A. West, 2004, Oxford, England: Blackwell.

6. *Great Speeches*, by A. Lincoln, 1991, Mineola, NY: Dover.

7. *Inspirational Leadership, Insight into Action: The Development of the Inspire Tool*, Report prepared for the department of Trade and Industry, England, by J. Garret, 2005.

8. *Social Psychology*, eighth edition, by D. G. Myers, 2005, New York: McGraw-Hill.

（中譯：《社會心理學》，陸洛等譯，心理出版社）

9. "A Validation Study of Belbin's Team Roles," by S. G. Fisher, T. A. Hunter, and W. D. K. MacRosson, 2001, *European Journal of Work and Organizational Psychology, 10*, pp. 121–144.

10. *Character Strengths and Virtues: A Handbook and Classification*, by C. Peterson and M. E. P. Seligman, 2004, Washington, DC: American Psychological Association.

11. *A Primer in Positive Psychology*, by C. Peterson, 2006, New York: Oxford University Press.

12. "Selection and Development: A New Perspective on Some Old Problems," by P. A. Linley, S. Harrington, and J. R.W. Hill, 2005, *Selection and Development Review, 21*, pp. 3–6.

13. 詳見註釋 11。

14. *Cupid's Arrow: The Course of Love through Time*, by R. J. Sternberg, 2000, Cambridge: Cambridge University Press.

15. 詳見註釋 11。

16. *Attachment and Loss: Vol. 2. Separation: Anxiety and Anger*, by J. Bowlby, 1973, New York: Basic Books.

17. "A Cross-National Study on the Relations among Pro-Social Moral Reasoning, Gender Role Orientations, and Pro-Social Behaviors," by G. Carlo, S. H. Koller, N. Eisenberg, M. S. Da Silva, and C. B.

Frohlich, 1996, *Developmental Psychology, 32*, pp. 231–140.

18. "Empathy, Attitudes, and Action: Can Feeling for a Member of a Stigmatized Group Motivate One to Help the Group?" by C. D. Batson, J. Chang, R. Orr, and J. Rowland, 2002, *Personality and Social Psychology Bulletin, 28*, pp. 1656–1666.

19. "The Benefits of Frequent Positive Affect: Does Happiness Lead to Success?" by S. Lyubomirsky, L. King, and E. Diener, 2005, *Psychological Bulletin, 131*, pp. 803–855.

20. *The 7 Habits of Highly Effective People*, 15th anniversary edition, by S. R. Covey, 2004, New York: Free Press.
（中譯：《與成功有約》，顧淑馨譯，天下文化出版社）

21. 詳見註釋 11。

22. 詳見註釋 11。

23. *CEO Turnover at Highest Rate since 2001*, March 7, 2005, available from CNNMoney.com.

24. "Justice as Fairness," by J. Rawls, 1958, *Philosophical Review, 57*, pp. 164–194.

25. *Anarchy, State, and Utopia*, by R. Nozick, 1974, New York: Basic Books.

26. *Essays on Moral Development*, vols. 1 and 2, L. Kohlberg, 1981/1984, New York: Harper & Row.

第八章：協助個案打造完美的工作表現

1. *What Should I Do with My Life? The True Story of People Who Answered the Ultimate Question*, by P. Bronson, 2002, New York: Random House.

2. *Habits of the Heart: Individualism and Commitment in American Life*, updated edition, by R. N. Bellah, R. Madsen, W. M. Sullivan, A. Swidler, and S. M. Tipton, 1996, Berkeley: University of California Press.

3. "Work Satisfaction as a Function of the Person-Environment Interaction," by J. Seybolt, 1976, *Organizational Behavior and Human Performance, 17,* pp. 66–75.

4. "Finding Positive Meaning in Work" (pp. 296–308), by A. Wrzesniewski, in *Positive Organizational Scholarship: Foundations of a New Discipline,* K. S. Cameron, J. E. Dutton, and R. E. Quinn (Eds.), 2003, San Francisco: Berrett-Koehler.

5. "Jobs, Careers, and Callings: People's Relations to Their Work," by A. Wrzesniewski, C. R. McCauley, P. Rozin, and B. Schwartz, 1997, *Journal of Research in Personality, 31,* pp. 21–33.

6. Personal communication, A. Wrzesniewski, 2003.

7. 詳見註釋 4。

8. "Crafting a Job: Revisioning Employees as Active Crafters of Their Work," by A. Wrzesniewski and J. E. Dutton, 2001, *Academy of Management Review, 26,* pp. 179–201.

9. "Clients as a Source of Enjoyment on the Job: How Hairstylists Shape Demeanor and Personal Disclosures" (pp. 1–32), by R. C. Cohen and R. I. Sutton, in *Advances in Qualitative Organization Research,* A. J. Wagner (Ed.), 1998, Greenwich, CT: JAI Press.

10. *Working Identity: Unconventional Strategies for Reinventing Your Career,* by H. Ibarra, 2003, Boston: Harvard Business School Press.

11. "Culture and the Self: Implications for Cognition, Emotion, and Motivation," by H. Markus and S. Kitayama, 1991, *Psychological Review*, *98*, pp. 224–253.

12. "The Cultural Construction of Self and Emotion: Implications for Social Behavior" (pp. 89–130), by H. R. Markus and S. Kitayama, in *Emotion and Culture: Empirical Studies of Mutual Influence*, S. Kitayama and H. R. Markus (Eds.), 1994, Washington, DC: American Psychological Association.

13. "The Reference Other Orientation" (pp. 121–151), by T. Kuwayana, in *Japanese Sense of Self*, N. R. Rosenburger (Ed.),1992, Cambridge: Cambridge University Press.

14. 詳見註釋 12。

第九章：正向心理學教練服務未來的發展

1. "The Power of Positive Psychology: An Interview with Dr. Alex Linley," by J. Hill, 2005, *Kenexas Connection Newsletter*, *4*, retrieved August 21, 2006, from http://www.kenexa.com /newsletter/0305_index.asp?uid=1&tbl=test.

2. *How Full Is Your Bucket? Positive Strategies for Work and Life*, by T. Rath and D. O. Clifton, 2004, New York: Gallup Press.
（中譯：《你的桶子有多滿？：樂觀思想的神奇力量！》，張美惠譯，商智出版社）

3. Personal communication, J. Pawelski, 2006.

4. Personal communication, C. Kaufman, 2006.

5. 詳見註釋 3。

附錄：規劃正向心理學教練服務會談

1. *Evidence Based Coaching Handbook*, by D. Stober and A. Grant, 2006, Hoboken, NJ: Wiley.

2. "The Satisfaction with Life Scale," by E. Diener, R. A. Emmons, R. J. Larsen, and S. Griffin, 1985, *Journal of Personality Assessment*, *49*, pp. 71–75.

Index
索 引 ✎

（正文旁數碼為原文書頁碼，供索引檢索之用）

T

國家圖書館出版品預行編目資料

正向心理學教練服務——助人實務的快樂學／
Robert Biswas-Diener, Ben Dean 著；
陳素惠譯 .-- 初版 .-- 臺北市：心理 , 2010.08
　面；　公分 .--（心理治療系列；22125）
含索引
譯自：Positive psychology coaching : putting the
　　　science of happiness to work for your clients
ISBN 978-957-702-831-0（平裝）

1. 應用心理學　2. 快樂

177　　　　　　　　　　　　　　　99013240

心理治療系列 22125

正向心理學教練服務——助人實務的快樂學

作　　　者：Robert Biswas-Diener、Ben Dean
譯　　　者：陳素惠
執 行 編 輯：李　晶
總　編　輯：林敬堯
發 行 人：洪有義
出 版 者：心理出版社股份有限公司
地　　　址：台北市大安區和平東路一段 180 號 7 樓
電　　　話：(02) 23671490
傳　　　真：(02) 23671457
郵 撥 帳 號：19293172　心理出版社股份有限公司
網　　　址：http://www.psy.com.tw
電 子 信 箱：psychoco@ms15.hinet.net
駐 美 代 表：Lisa Wu（Tel: 973 546-5845）
排 版 者：葳豐企業有限公司
印 刷 者：正恒實業有限公司
初 版 一 刷：2010 年 8 月
初 版 三 刷：2014 年 2 月
I S B N：978-957-702-831-0
定　　　價：新台幣 300 元